Asset Management and Succession for Millionaires

ここまでできる！
富裕層のための相続税対策と資産運用
第2版

公認会計士・税理士
岸田康雄 著

中央経済社

改訂にあたって

　2020年1月に発行された本書は，このたび最新情報を盛り込むために改訂いたしました。

　この改訂版では，法令の改正と税務リスクの高まりに伴い，いくつかの内容が削除されています。具体的には，海外不動産を活用した所得税対策，タワーマンション節税が削除されました。また，借金をして不動産投資を行うことによるマイナス財産の創出や，事業承継税制における事業付け（資産保有型法人外し）も，税務リスクの高まりを理由に削除されています。

　その一方で，改訂版には，新しい法令に基づく承継スキームが追加されています。これには，タワーマンション節税に関する新しい取り扱い，相続時精算課税制度を利用した贈与，「株特外し」による自社株評価の引下げ，上場企業のオーナーに対する相続税対策（非上場化を伴うMBO），そして，一般社団法人を利用した相続税対策が含まれています。

　本書は，筆者が三菱UFJ銀行にて蓄積した豊富なノウハウを集約したものです。銀行や証券会社で働く営業担当者，税務コンサルティングを提供する税理士など，富裕層の顧客にアドバイスを提供する専門家の方々にとって，有用な参考書となることを祈っております。

　本書の改訂を担当していただいた株式会社中央経済社の阪井あゆみ氏には心より感謝を申し上げます。

2024年7月

公認会計士／税理士

岸田　康雄

はじめに

　日本人は貯蓄に熱心であり，稼いだお金を銀行預金に貯め込んでしまう傾向があります。その一方で，近年は政策的に「貯蓄から投資へ」と，NISA や iDeCo が推奨されたため，金融商品を購入する方もわずかではありますが増えてきているようです。

　個人が所有する現金を銀行に預けるか，株式や債券を購入するか，その選択によって運用成果は大きく異なります。老後の資産形成の観点から，銀行預金を止めて，金融商品への投資が勧められるようになりました。

　資産運用の観点から，銀行預金と金融商品は大きく異なるものですが，相続税の計算方法は全く同じです。1 億円の銀行預金の評価額は 1 億円，1 億円の金融商品の評価額は 1 億円です。一般的に，これらの相続税負担は，他の財産と比べて重いものとなります。

　金融商品への投資は，①ハイリスク・ハイリターン，②相続税負担が重い，この 2 点が特徴となります。この点，リターンの高さについては，証券営業マンが積極的にアピールします。

　「この投資信託は，5％と高い期待利回りで，お勧めできますよ！」

　しかし，為替変動リスクが伴うものであっても，その点については軽く触れるだけで済ませることでしょう。商品を購入してほしいからです。

　そして，金融商品に伴う相続税負担が重いことについては，証券営業マンは当然のこと，顧問税理士ですら指摘してくれません。もちろん，運用している本人ですら気が付きません。相続税を支払うのが本人ではなく，その相続人であり，本人が死んだ後に支払いが発生するからです。

　たとえば，高齢者の資産運用を考えましょう。運用利回りがとても高い金融商品を購入することができ，個人財産を大きく増やすことができました。喜ばしいことでしょう。投資家としての高齢者は，自ら所有する期間の利回りだけ

IV

を見て喜ぶからです。

　しかし，この方に相続が発生しますと，多額の相続税を支払うことになります。結局のところ，金融商品の運用に成功しても，当初の元本すら次世代（子供）に残すことはできないのです。

　つまり，高齢者が金融商品で運用を行えば，相続を通じて，個人財産は確実に減少するということです。世代間を通じた利回りは確実にマイナスとなり，儲けるどころか大損です。

　これに対して，この高齢者が，同額を不動産で運用することを考えてみましょう。不動産投資は，①ローリスク・ローリターン，②相続税負担が軽い，この２点が特徴となります。

　不動産投資は，金融商品投資と比べますと，価格変動リスクが小さくなりますが，その収益性は低くなります。また，取引コストや運用コストの負担が収益性を下げてしまいます。時間が過ぎれば建物が劣化して，資産価値は確実に落ちます。このため，不動産で大儲けすることはできません。

　しかし，不動産で運用する場合，この個人に相続が発生しても，わずかな相続税の支払いだけで済んでしまいます。これは，財産評価の引下げ，小規模宅地の特例適用などによる効果です。借入金でレバレッジをかけて不動産を所有するケースでは，相続税がゼロになることもあります。

　つまり，高齢者が不動産で運用を行えば，相続が発生しても，個人財産を維持することができるということです。世代間を通じた利回りがマイナスになる可能性もありますが，多くの場合はプラスにすることができるでしょう。

　相続税の支払いがある以上，相続というイベントに遭遇すれば，個人財産が減少することが確実です。しかし，金融商品と比べますと，不動産に伴う税負担は，著しく軽くなります。愛する子供に大きな財産を残したいと考えるのであれば，不動産投資を選択しなければいけません。

　この点，「日本は地震が多いから，不動産投資は怖い。銀行預金として持っておくほうが安心だ。」とおっしゃる方が多いようです。

　しかし，銀行預金や金融商品は，その大部分が相続税に消えてしまいます。

仮に銀行預金で10億円を持っていれば，相続を通じて４億円が消えてしまいます。これに対して，不動産であれば，相続があっても１億円程度しか減りません。

　極端なケースを想定しましょう。もし，不動産投資を行っている期間に大地震が発生し，不動産価格が50％下落したとしましょう。それでも，相続後に４億円の財産は残すことができます。一方，銀行預金を持っていれば，大地震が発生しても残高を維持することはできますが，相続税の支払いで６億円まで減少します。

　大地震で被害を受ける可能性はわずかにあるものの，高い確率で資産価値の大部分を維持できる不動産を持つか，100％の確率で激減する金融商品を持つか，この２つの選択肢です。不動産にはリスクが伴い，金融商品には税負担が伴います。

　結局のところ，**税金を支払うか，リスクを負担するか**，その２つの選択肢から投資対象を選ぶということです。現実は，ほとんどの方々は「税金を支払う」という選択肢を選びます。わが国の財政赤字を憂い，納税というかたちで国家に貢献したいと考えているのでしょうか。

　筆者は税理士として，相続税申告の仕事をしており，数億円の相続税を一括現金で支払うお客様を，間近で見ています。そうしたお客様の相続財産のほとんどは，銀行預金や金融商品です。その一方で，相続税対策で思い切った不動産投資を行ったが，大地震に遭遇して財産を失ったというお客様は，一度も見たことがありません。

　不動産投資には，価格変動リスクや地震リスクが大きく心配だとおっしゃる方が多いようです。それに対する私のアドバイスは，「相続税の支払いによる**現金流出の大きさから比べると，不動産投資のリスクなど微々たるもの**」というものです。

　不動産の価格変動リスクは怖いと感じるのであれば，なぜ相続税の支払いを怖いと感じないのでしょうか。相続税の支払いのために現金が消える確率は100％です。しかも相手方は税務署であり日本政府です。嫌だと言って逃げら

VI

れるものではありません。確実に発生し，逃れることができない現金流出なのです。

わが国には相続税という制度があるため，資産運用は，諸外国とは別の方法を考えるべきです。相続税が無い外国では，増やす方法だけ考えていればよいのですが，相続税のあるわが国では，税金で減らさない方法を考えなければいけません。

わが国で運用する個人財産は，相続税という形の大きな損失が発生します。これは諸外国とは大きく異なる状況です。それゆえ，死んだ後のことなど知らないと言わず，子供に個人財産を残すこと，2世代を通じた資産運用を考えましょう。

投資対象の選択肢は，金融商品か不動産です。わが国では，相続までに時間がある**若年期は金融資産運用で大きく増やし**，相続が目前となる**高齢期は不動産投資で減らさないようにする**，これが資産運用の理想形となります。

最後に，本書を企画時から刊行まで担当していただいた株式会社中央経済社の阪井あゆみ氏には心より感謝を申し上げます。

2020年1月

公認会計士／税理士

岸田　康雄

目　次————————————————————————————————

改訂にあたって　　*I*

はじめに　　*III*

第1章　富裕層の資産運用の秘訣……………………………………*1*

Ⅰ　金融資産で賢く増やす　　*1*

【1】　財産を大きく増やす最適な方法　　*1*

【2】　なぜ不動産投資で失敗するのか　　*4*

【3】　不動産投資が「高利回り」だという誤解　　*11*

【4】　外貨投資の為替リスクを忘れるなかれ　　*19*

【5】　大きなリスクを伴う仕組債は買わない　　*21*

【6】　運用コストの高い投資信託は避けなさい　　*25*

【7】　アクティブ・ファンドは買わない　　*28*

Ⅱ　相続税はこんなに簡単に下げられる！　　*31*

【1】　相続税を心配する必要はない　　*31*

【2】　生前贈与は今すぐ始めよ　　*37*

【3】　子供や孫への贈与は王道　　*41*

【4】　NISA を活用した相続税対策　　*43*

Ⅲ　賃貸不動産経営で安定収入を得る　　*47*

【1】　賃貸経営で安定したキャッシュ・フローを生む秘訣　　*47*

【2】　不動産投資そのものが税負担の軽減になる　　*49*

【3】　節税によって利回りを向上させる　　*51*

【4】　漏れなく必要経費を計上せよ　　*53*

Ⅳ　認知症対策に備えて安心の資産管理を！　　*57*

【1】　認知症リスクも回避！　法人経営のススメ　　*57*

【2】　民事信託は認知症対策だと知ろう　　*59*

【3】 法人化か民事信託か　*61*

第2章　不動産を活用した相続税対策……………65

Ⅰ　相続税を賢く避ける不動産投資　*65*
【1】 相続税から資産を守る方法を学ぼう　*65*
【2】 世代を超える賢い運用手法を実践しよう　*69*
【3】 不動産を組み合わせた資産運用　*75*

Ⅱ　相続税の衝撃から財産を守りなさい　*78*
【1】 地主必見！　相続税対策のすべて　*78*
【2】 相続でこれだけ資産が減る！　*81*
【3】 不動産で財産評価を下げる秘訣　*83*
【4】 都心のタワーマンション節税　*89*
【5】 評価引下げと生前贈与　*94*

第3章　事業承継を成功に導く相続税対策……………99

Ⅰ　「株特外し」で評価を引き下げる　*99*
【1】 富裕層が活用する持株会社設立　*99*
【2】 基本となる相続時精算課税の贈与を理解しよう　*103*
【3】 銀行が富裕層に提案する「銀行スキーム」とは？　*105*

Ⅱ　事業承継税制で税負担を大きく軽減できる　*108*
【1】 法人版事業承継税制は節税効果大　*108*
【2】 個人版事業承継税制を知らないと損　*114*

Ⅲ　銀行のお得意様　上場企業オーナーはどのように税負担を減らしているか？　*117*
【1】 MBOのために非上場化した事例　*117*
【2】 非上場化による税負担の軽減　*118*

目　次　iii

Ⅳ　一般社団法人を活用する相続税対策　124

【1】　一般社団法人とは　124

【2】　相続税をゼロにする方法　126

第4章　不動産の現金化 ……………………………………………129

Ⅰ　相続した不動産は今すぐ売却せよ　129

【1】　不動産価格が下がる前に売りなさい！　129

【2】　空き家となった実家は売りなさい　130

【3】　土地は共有せずに売りなさい　133

【4】　相続財産はすぐに売るべし　135

【5】　実家を売ると節税できる　137

Ⅱ　地方から都心へ，今こそ住み替えしなさい　142

第5章　不動産所有法人の活用 ………………………………145

Ⅰ　法人経営で所得税を抑えなさい　145

【1】　重い所得税と軽い法人税　145

【2】　不動産所得を法人へ移しなさい　148

【3】　給与所得に変えて税負担を減らす　149

【4】　所得を分散する　152

【5】　退職所得に変えて負担を抑えなさい　155

Ⅱ　法人経営では生命保険に加入しなさい　160

【1】　経営者が直面する2つのリスクに備えよ　160

【2】　経営者ニーズに応える生命保険を選ぶ　164

【3】　法人から個人へ　保険金を移すテクニック　166

【4】　知っておこう！　貯蓄性保険に課される税金　169

Ⅲ 法人経営で相続税対策を強化せよ　*171*

【1】 短期的な節税ならば個人経営　*171*

【2】 長期的な節税ならば法人経営　*174*

【3】 相続財産の増加を防ぐ　*181*

【4】 法人化して相続税を抑えなさい　*183*

Ⅳ 不動産所有法人を活用しよう　*184*

【1】 既存建物を法人に銀行借入で買わせる方法　*184*

【2】 更地に賃貸アパートを建てて土地活用する方法　*185*

【3】 既存建物を法人に分割払いで買わせる方法　*186*

【4】 既存建物を法人に現物出資する方法　*186*

第 1 章
富裕層の資産運用の秘訣

Ⅰ　金融資産で賢く増やす

【1】　財産を大きく増やす最適な方法

　資産運用は，個人財産を増やすことを目的として行うものです。その手段は，不動産や金融商品を購入し，そこから生み出される利益を獲得することになります。すなわち，利子や配当などのインカム・ゲイン，売却益などのキャピタル・ゲインです。

　資産運用の対象には，「事業」を営むことも選択肢として含まれるでしょう。すなわち，商品販売業やサービス業などの事業は，個人財産を事業に投下し，それを増やそうとするものです。ただし，一般的に「資産運用」という単語を使うときは，不動産や金融商品など投資用資産を購入し，利益を獲得しようとすることを意味します。

　いわゆる「超」富裕層と呼ばれる方々のほとんどは，**事業の経営者**です。つまり，自営業・会社経営で成功すれば，投資用資産の運用よりも，桁違いに大きな利益を得ることが可能です。近年，ベンチャー企業の上場で多くの億万長者が誕生していますが，これらは事業経営の成功例です。ソフトバンクの孫正義氏を目指したいのであれば，事業を開始しなければなりません。

　しかし，事業を営むことは容易ではありません。さまざまな事業用資産を組み合わせ，そこに「労働」すなわち人的資源を投下することになります。人間の労働をコントロールして利益を生み出すことは容易ではありません。

2

また，個人事業主や中小企業のような小規模な事業を経営する段階では，事業のオーナーは，自分自身の労働を消費しなければいけません。それゆえ，自分の労働を消費している分だけ，実質的な利益は見た目よりも低くなっているはずです。また，事業に失敗すれば，個人財産を増やすどころか，個人財産を失うことになります。つまり，事業の経営はハイリスク・ハイリターンということです。

これに対して，投資用資産のオーナーには，事業の経営など手間のかかる労働は必要とされません。不動産投資にしても，管理会社にその経営を任せることができます。結果として，投資用資産が生み出す利益を，手間を掛けずに享受することができるのです。これは，経済学の用語を使いますと，そのオーナーは労働者ではなく，「資本家」として個人財産を増やすことができるということなのです。

そうすれば，率直に申し上げて，一個人に過ぎないあなたが，自ら事業を開始して，トヨタ自動車やソフトバンク，Google といった大企業よりも高い利回りを自ら稼ぎ出すことなど，短絡的に考えるべきではありません。たとえ起業して，あなたの個人商店の事業を始めたとしても，そのほとんどの人の収入は，大企業のサラリーマンの給料よりも安いのが現実なのです。

あなたの個人商店
の利益率 ＜ トヨタや Google
の利益率

結局のところ，経済学者のトマ・ピケティが言うように，労働の利回りよりも資本の利回りのほうが高い，そして，小規模資本の利回りよりも大規模資本の利回りのほうが高いのです。つまり，自営業から期待できる利益よりも，大企業の成長率（＝金融商品の利回り）のほうが高いということなのです。これが現実であるからこそ，あなたはサラリーマンを続けてきたのでしょう。結論

として，個人事業主を目指すよりも，トヨタ自動車やGoogleの上場株式を買いなさいということなのです。

　それでは，自営業をあきらめて，投資用資産で運用するとしましょう。身近にある選択肢は，国内で販売されている金融商品と不動産です。どちらを対象として資産運用すべきでしょうか。

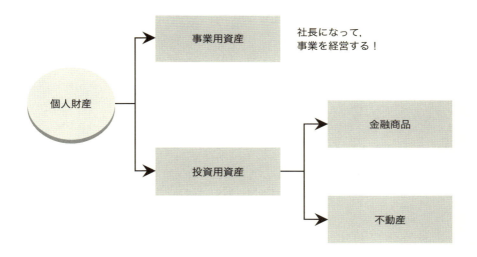

　経済環境や個別資産の状況によって異なりますが，一般的に，運用利回りは，金融商品のほうが不動産よりも高くなります。

　詳細は後述しますが，金融商品の背後には，国（日本国家やアメリカ国家など）や大企業（トヨタ自動車やGoogleなど）があります。株式や債券といった金融商品は，これら巨大資本の細分化された一部分です。それらを購入するということは，大企業のごく一部分を切り取って保有するようなものです。大企業の価値の成長率のほうが，不動産の成長率よりも高いため，運用利回りは，金融商品のほうが不動産よりも高くなります。

　これに対して，日本の不動産を投資対象として考えた場合，その利回りはど

れくらい期待できるでしょうか。高齢化・人口減少が進み，低成長が確実な日本経済の中にある不動産です。それらが，トヨタ自動車やGoogleなどのグローバル企業，最先端のテクノロジー企業よりも高い成長を実現することができるでしょうか。現実的には難しいと考えるべきでしょう。

もちろん，短期的には，これが逆転することもあるでしょう。不動産経営のやり方の巧拙が投資利回りに影響するため，中古物件を上手にリノベーションすれば高い家賃収入を得ることができます。情報の非対称性を活かして，割安で購入した物件を高く転売する，優れた投資家もいます。

その一方で，金融商品投資には，大きなコスト（信託報酬など）の負担が伴うため，低い利回りを強いられている投資家が多くいます。これらの結果として，短期的には，不動産が金融商品よりも儲かることがあるでしょう。

しかし，長期的には，市場全体の成長率が，運用利回りを決定します。日本の不動産市場は今後成長しませんが，世界的な大企業は今後も成長を続けます。したがって，**長期的な運用利回りは，不動産よりも金融商品のほうが高くなる**と考えるべきなのです。

【2】 なぜ不動産投資で失敗するのか

最初にお断りしておきますと，筆者は経済学者ではありません。富裕層と呼ばれる資産家のお客様に，資産運用と相続対策のコンサルティング業務を提供することを本業としています。日本経済や市場の細かいことはわかりませんが，実務遂行する現場で得られる感覚から，マクロ経済の大きな方向性をいつも感じています。高額な不動産や金融商品の売買，相続税申告を行う数多くのお客様を間近で見ているのです。そのような観点から，今後の経済動向を論じたい

第1章 富裕層の資産運用の秘訣 5

図表1-1　日本の人口は減少

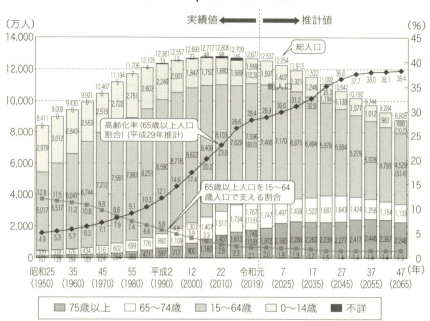

資料：棒グラフと実線の高齢化率については、2015年までは総務省「国勢調査」、2019年は総務省「人口推計」（令和元年10月1日確定値）、2020年以降は国立社会保障・人口問題研究所「日本の将来推計人口（平成29年推計）」の出生中位・死亡中位仮定による推計結果。

(注1) 2019年以降の年齢階級別人口は、総務省統計局「平成27年国勢調査　年齢・国籍不詳をあん分した人口（参考表）」による年齢不詳をあん分した人口に基づいて算出されていることから、年齢不詳は存在しない。なお、1950年〜2015年の高齢化率の算出には分母から年齢不詳を除いている。ただし、1950年及び1955年において割合を算出する際には、（注2）における沖縄県の一部の人口を不詳には含めないものとする。

(注2) 沖縄県の昭和25年70歳以上の外国人136人（男55人、女81人）及び昭和30年70以上23,328人（男8,090人、女15,238人）は65〜74歳、75歳以上の人口から除き、不詳に含めている。

(注3) 将来人口推計とは、基準時点までに得られた人口学的データに基づき、それまでの傾向、趨勢を将来に向けて投影するものである。基準時点以降の構造的な変化等により、推計以降に得られる実績や新たな将来推計との間には乖離が生じうるものであり、将来推計人口はこのような実績等を踏まえて定期的に見直すこととしている。

出所：内閣府「令和2年高齢社会白書」（2020年）

と思います。

　経済学者のケインズは，金利を下げるにはどうすればよいか（流動性の罠など）について長年悩み，金利が投資を生み出し，それが国内総生産（GDP）を創出する効果（乗数効果）の有効性を論じました。金利を下げるとお金を借りる人が増え，それが投資を生むのです。現在の日本銀行の金融政策は，ケインズと同じ考え方に基づくものでしょう。

　不動産購入も投資ですから，金利が下がると不動産を買おうとする人が増えます。そして，買いたい人が増えれば，その価格が上がります。つまり，金利が下がれば不動産の需要が増えて，不動産価格が上がるのです。逆に，金利が上がれば不動産の需要が減って，不動産価格は下がります。

　この点，不動産投資からの利益には，家賃収入などのインカム・ゲインだけでなく，売却益というキャピタル・ゲインがあります。当然ながら，安く買って高く売ることで売却益が大きくなります。したがって，不動産価格が低く下がりきったタイミングで買い，高く上がりきったタイミングで売ることが，不動産投資の基本戦術となります。

　それでは，現在の不動産価格はどのような水準でしょうか。
　高い水準にあると，いつ下がり始めるのかが気になります。そこで過去の事例を見ますと，不動産価格の暴落は，2008年に米国で発生しています。有名な「リーマン・ショック」です。銀行の審査をゆるくし，信用力の低い個人に対して低金利（変動金利）で住宅ローンを大量供給していたところ，金利上昇を引き金として貸倒れが大量発生したことが引き金となりました。住宅ローン債権を担保にした金融商品が大量に販売されていたことから，貸倒れの波及効果

第 1 章　富裕層の資産運用の秘訣　7

図表 1 - 2　｜　長期金利（10年）

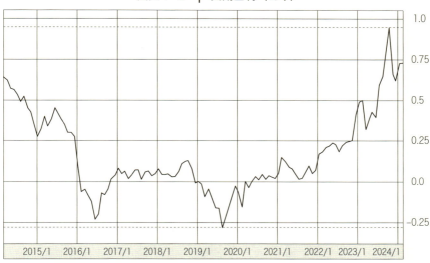

出所：日本経済新聞社 Web サイト

図表 1 - 3　｜　不動産価格は高騰

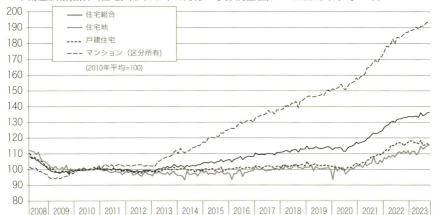

出所：国土交通省「不動産価格指数　令和 5 年10月」

が大きく、金融市場は大混乱に陥りました。

　日本はどうでしょうか。「リーマン・ショック」の後、長期金利は０％の底を目指して下落していきました。2013年、黒田氏が日銀総裁に就任すると、異次元金融緩和が始まり、史上最低レベルに下がった金利と、年間80兆円にものぼるマネタリー・ベースの増加によって、不動産担保融資や住宅ローン融資の残高はみるみるうちに増加していきます。結果として、不動産価格は目に見えて上がってきました。

　不動産価格は、大雑把には、【家賃収入÷表面利回り】で試算することができます。家賃収入と表面利回りから考えることとしましょう。本来は家賃収入ではなく不動産所得で計算すべきですが、ここでは不動産価格との相関関係だけを見たいため、簡略化します。

　家賃収入が上がる、表面利回りが下がるならば、不動産価格は上がります。これに対して、家賃収入が下がる、表面利回りが上がるならば、不動産価格は下がります。

　しかし、現在のわが国の状況を見ますと、賃貸不動産の家賃は低下しています。それどころか、空室が増えています。都心の一部を除いて、今後も入居者数の増加は期待できませんので、**家賃収入の増加は期待できません**。それゆえ、**今後の不動産価格は下がることはあっても上がることは考えづらい状況です**。

　一方、賃貸不動産の表面利回り（５％～６％）は低下しています。経費（概ね２％～３％）を考慮すれば、実質利回り（税引前の正味の手取り額）は２％

〜3％となります。リスクフリーレート（国債利回り）が史上最低に近い水準まで下落していますので、この2％〜3％という利回りは、ほとんどがリスク・プレミアム相当分であり、不動産投資リスクに見合うリターンとしては最低水準だと考えられます。それゆえ、今後の表面利回りは上がることはあって

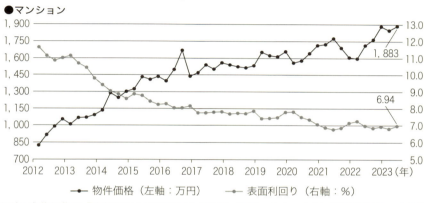

図表1-4 ｜ 表面利回りは最低水準

出所：楽待編集部「物件価格と表面利回りの推移（区分マンション）」『2023年7月〜9月期の投資用不動産の市場動向レポート』（2023年10月12日）

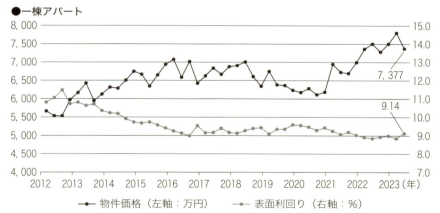

出所：楽待編集部「物件価格と表面利回りの推移（一棟アパート）」『2023年7月〜9月期の投資用不動産の市場動向レポート』（2023年10月12日）

も下がることはないでしょう。今後の不動産価格は下がることはあっても，上がることは考えづらい状況なのです。

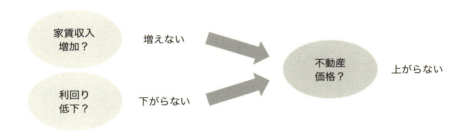

　しかし，2020年以降，郊外の中古賃貸アパート1棟の価格が下がってきているようです。筆者は，不動産オーナーの税務顧問の仕事もしていますが，「神奈川で利回り9％の物件を購入することができた！」と喜ばれているお客様が出てきています。このような状況から，不動産価格の下落（＝利回りの上昇）を身近に感じることができます。

　ちなみに，不動産オーナーにとって，わが国の地震は，大きなリスク要因であると捉えられています。これが不動産価値を下落させる要因の1つでしょう。

　南海トラフ巨大地震が30年以内に70％〜80％の確率で発生すると予想されています。静岡から高知までの太平洋側にある不動産の価値が，巨大地震によって毀損するおそれがあるのです。この地震リスクを考慮すれば，南海トラフ地震の影響を受ける地域に不動産投資を行うことはできません。**投資対象となる地域は，東京23区内に限定されることになる**と考えます。

　以上から，不動産価格は，現時点ですでに最高地点に達していると考えられます。つまり，**今後は下落することしか想定することができません**。そうだとすれば，現時点での不動産オーナーの最適な意思決定は，所有している**不動産を売却する**ということです。

第1章　富裕層の資産運用の秘訣　*11*

【3】　不動産投資が「高利回り」だという誤解

　筆者の私見ではありますが，今後，投資用資産は，不動産から金融商品に変えるべきだと考えます。

　ここで，不動産投資に関する誤解を明らかにします。1つは，建物の価値に係る誤解です。**不動産の利回りが実態以上に高いと誤解されているケースが散見される**ため，これについて注意喚起させてください。不動産投資の意思決定において，判断を間違いやすいケースを紹介します。

◆ケース①　表面利回りだけで投資判断を行うケース

　物件A　表面利回り8％，経費率5％（＝減価償却費2％＋その他経費3％）
　物件B　表面利回り7％，経費率3％（＝減価償却費2％＋その他経費1％）
「表面利回り8％の物件A（木造の賃貸アパート）の投資のほうが魅力的だ。利回りが高いので，物件Aを買いたい」

　賃貸アパートの表面利回りは，取得価額に対する家賃収入の比率をいいます。また，経費とは，管理費，修繕費用・積立金，固定資産税・都市計画税，水道光熱費，減価償却費などをいいます（減価償却費を含め，支払利息は除きます）。

$$【表面利回り（\%）】= \frac{家賃収入}{取得価額} \qquad 【経費率（\%）】= \frac{経費合計}{取得価額}$$

　家賃収入は不動産オーナーの手元に残る現金ではありません。家賃を受け取っても，そこから経費を支払わなければならないからです。

　◆ケース①では，**経費控除後の利益（≒所得）で，利回りを比較すべき**なのです。そうすれば，3％（＝8％－5％）の物件Aよりも，4％（＝7％－3％）の物件Bのほうが，利回りは高いと判断されるべきです。

12

　ちなみに，想定利回りを計算する際には，空室が発生することも考慮し，年間家賃収入に対して－5％から－10％程度の空室率を乗じて補正することが一般的です。

◆ケース②　不動産の利回りを金融商品の利回りと比較するケース

　物件C　実質利回り（NOI）6％（＝家賃収入－現金支出費用）
　金融資産D（25年満期の債券）　利回り5％
「実質利回り6％の物件C（木造の賃貸アパート）の投資が魅力的だ。利回りが高いので，物件Cを買いたい」

　「利回り」を計算する指標として，家賃収入から，現金支出費用を控除した**実質利回り**（NOI，Net Operating Income）が用いられることがあります。

　現金支出費用は，経費合計から**減価償却費**を除いたものであり，実質利回りとは，減価償却費控除前の利回りです。

　減価償却費は現金支出を伴わない経費です。実質利回り（NOI）を投資判断に用いるのは，利息支払いや借入金返済の原資となる，正味の現金収入を知りたいからです。

　一般的に，家賃収入に対する現金支出費用の割合が30％程度であれば健全な賃貸経営と考えられます。そうすると，実質利回りは，表面利回りの70％程度が妥当ということになります。

$$【実質利回り；NOI（\%）】＝\frac{家賃収入－現金支出費用}{取得価額}$$

　しかし，資産運用における投資対象の選択のために，金融商品の利回りと比較するのであれば，**不動産の減価償却費も利回りから控除すべき**です。

第1章　富裕層の資産運用の秘訣　*13*

　なぜなら，金融商品と異なり，不動産は元本保全された資産ではなく，耐用年数が到来した建物の資産価値は，ほとんどゼロとなるからです。つまり，建物は，概ね減価償却費に相当する価値が毎年必ず減少していきます。とすれば，将来の損失発生（投資回収不能分）を見越して，価値減少分を考慮した経費計上を行わなければなりません。

　法定耐用年数は，鉄筋コンクリート（RC）造47年，鉄骨34年，木造22年です。つまり，RC造の建物は47年後に資産価値ゼロとなり，木造の建物は22年後に資産価値ゼロとなるはずです。

　「法定耐用年数なんて国税庁が作った計算上の数字にすぎないだろう。経済的耐用年数を考えれば，もっと長く賃貸できるはずだ」とおっしゃる読者もいるかもしれません。確かに，しっかりと修繕を続けていけば，法定耐用年数を

図表1-5 ｜ 建物の法定耐用年数

構造・用途	細　　目	耐用年数
木造・合成樹脂造のもの	事務所用のもの	24
	店舗用・住宅用のもの	**22**
	飲食店用のもの	20
	旅館用・ホテル用・病院用・車庫用のもの	17
	公衆浴場用のもの	12
	工場用・倉庫用のもの（一般用）	15
鉄骨鉄筋コンクリート造・鉄筋コンクリート造のもの	事務所用のもの	50
	住宅用のもの	**47**
	飲食店用のもの	
	延べ面積のうちに占める木造内装部分の面積が30％を超えるもの	34
	その他のもの	41
	旅館用・ホテル用のもの	
	延べ面積のうちに占める木造内装部分の面積が30％を超えるもの	31
	その他のもの	39
	店舗用・病院用のもの	39
	車庫用のもの	38
	公衆浴場用のもの	31
	工場用・倉庫用のもの（一般用）	38

出所：国税庁

超えて賃貸経営を続けることができることもあるでしょう。

しかし，過去の統計データに基づいて国税庁が計算した法定耐用年数（図表1-5）によれば，ほとんどのRC造の建物は，47年後には価値がゼロとなると考えるべきなのです。それどころか，47年経過後には，ゼロ円で売却しようとしても売れません。**売主による解体費用の負担を考慮すれば，その価値はマイナス**になります。

木造の建物の耐用年数は22年ですが，経済的にはもう少し長く使えると考え，ここは大まかに25年で価値がゼロとなると想定しましょう。つまり，25年後には建物に係る取得価額はもはや回収できなくなります。換言すれば，25年後かけて建物の価値を喪失してしまうということです。

投資する資産の取得価額の割合が，土地50％＋建物50％と仮定すれば，25年後には投資額の50％は回収不能となるわけですから，**毎年2％の損失（＝50％÷25年）**が，25年間続けて発生すると考えるべきでしょう。

好景気やインフレ時には，土地が値上がりしますので，取得価額を超えて高く売却することができるケースがあります。しかし，それは土地の価格変動で

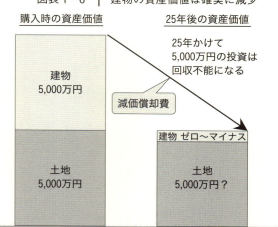

図表1-6　建物の資産価値は確実に減少

あり、建物それ自体の価値は、所有期間を通じて減少していることは間違いないのです。

したがって、実質利回り（NOI）6％の賃貸アパート投資については、建物価値の減少を考慮しなければいけません。つまり、減価償却費2％を控除して、実質利回り4％と考えなければなりません。

これに対して、5％の金融商品（債券）投資は、貸倒れや為替変動がないとすれば、元本（取得価額）の全額が償還されるものです。**金融商品に減価償却は必要ありません。**

以上のことから、◆ケース②では、減価償却費控除後の利益（≒所得）ベースの利回りを比較すべきであり、4％の物件Cよりも、5％の金融商品Dのほうが、利回りは高いと判断すべきです。

利回りを比較する際、単純にNOIを使用してはいけません。NOIは、現金支出費用だけを費用計上するものです。**建物の価値は、時間の経過とともに確**

図表1-7 ｜ 賃貸不動産の投資回収計算

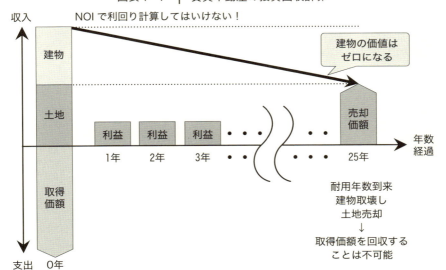

実に消滅します。減価償却費の控除も忘れてはいけません。

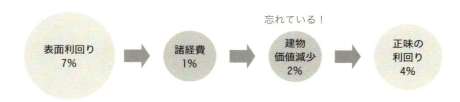

図表1-8　債券の投資回収計算

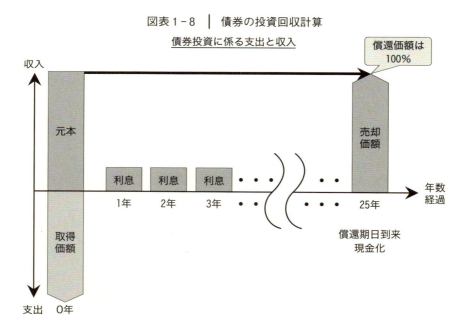

第1章　富裕層の資産運用の秘訣　*17*

> **◆ケース③　不動産の利回りを金融商品の利回りと比較するケース**
> 「利回り3％の金融商品（債券）で運用するよりも，実質利回り（NOI）
> 5％の不動産で運用するほうが有利だ」

　一般的に，金融商品の利回りが過小評価され，不動産の利回りが過大評価される傾向にあります。

　前述のように，耐用年数を経過した建物の価値はゼロまで減少します。それゆえ，建物に係る価値減少（減価償却費）を考慮しなければなりません。仮にそれが年間－2％であるとすれば，不動産の利回りは3％となり，その結果，金融商品の利回り3％と同水準と考えることができます。債券に減価償却は必要ないからです。

　前ケースと同様，不動産と金融商品の利回りの比較において，減価償却費を考慮する必要があるということです。

> **◆ケース④　税負担を考慮しないで比較するケース**
> 「利回り2％の国内債券の運用と，減価償却費控除後の利回り（≒所得）
> 2％の賃貸不動産の運用は，リスク要因を無視すれば，概ね同じ水準の利
> 回りだ」

　国内債券の利子は，利子所得として所得税等が課され，その税率は一律20％（復興特別税を除く）です。上場株式の配当金や投資信託の分配金も同様に20％です。

　これに対して，不動産からの利益は，不動産所得として所得税等が課され，最高税率55％（累進課税）で総合課税となります（給与所得など他の所得の大きさによって税率が変わります）。

図表 1 - 9 　税引後の利回り

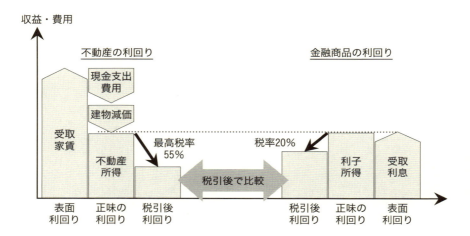

　したがって，金融商品と不動産の利回りを比較する際には，税引前ではなく税引後の金額を用いなければなりません。
　仮に，総合課税の所得税等が50％であると仮定すると，いずれも税引前の利回りが2％であったとしても，不動産の場合は税引後で1.0％，債券の場合は税引後で1.6％となり，債券のほうが有利であると判断することになります。

　以上，不動産投資の利回りを過大に評価するケースを見てきました。
　投資用不動産の利回り計算は，建物の価値減少（減価償却），重い税負担（総合課税）が意図的に無視されています。このような利回り計算は，大きな間違いであり，不動産投資の利回りを過大評価させることになっています。これにより投資判断を誤るケースが，数多く見られるのです。

第1章　富裕層の資産運用の秘訣　19

▶ 動画で解説！　ここまでの内容を動画で振り返りましょう。

①不動産投資の利回り計算

https://www.youtube.com/watch?v=ip587p299Nc

【4】　外貨投資の為替リスクを忘れるなかれ

　外貨建ての金融商品へ投資するときに，意思決定を間違いやすいケースを紹介します。

> ◆ケース⑤　為替リスクを考慮すべきケース
> 「利回り2％の国内債券で運用するよりも，5％の外国債券で運用するほうが有利だ」

　日本と米国の金融商品の利回りを比較しましょう。**外貨建ての金融商品の利回りを計算するには，外国為替を考慮しなければいけません。**

　たとえば，利率2％の国内債券を1億円（額面100％）で購入し，1年後に償還されるとします。利息200万円を受け取りますので，回収額は1億200万円です。

　これに対して，利率5％の米国債を1億円で購入するとしましょう。同様に1年後に償還されるものです。円で米国債は買えませんので，円をドルに転換します。為替レートが100円／ドルと仮定しますと（手数料を無視），銀行の窓

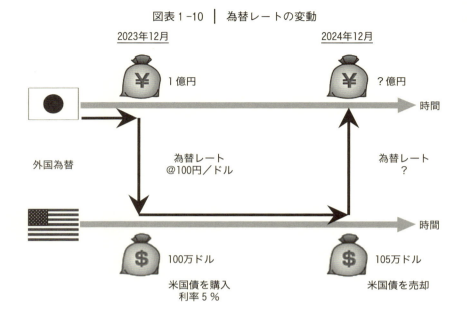

図表1-10 為替レートの変動

口で1億円を100万ドルに交換してくれます。

　これで100万ドルの米国債を購入すると，利息5万ドルを受け取りますので105万ドルとなります。

　それを日本での生活費に使おうと考え，償還時にはドルを円に転換します。為替レートが変動しなければ，100円/ドルですから，最終的な回収額は1億500万円となり，国内債券の回収額（1億200万円）よりも有利になりました。

　しかし，米国債が償還されてドルを円に転換するのは1年後ですから，そのときの為替レートが変動しているかもしれません。円高になり90円/ドルとすれば，回収額は9,450万円となり，元本割れしてしまいます。反対に円安になり110円/ドルとなれば，回収額は1億1,550万円となり，利回りは15％に跳ね上がります。

第1章　富裕層の資産運用の秘訣　21

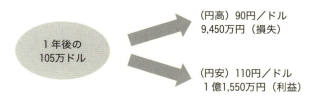

▶ **動画で解説！**　ここまでの内容を動画で振り返りましょう。

②外貨建て金融商品

https://www.youtube.com/watch?v=oXmK8aR4mM4

【5】 大きなリスクを伴う仕組債は買わない

　株価や金利を対象としたオプション取引やスワップ取引など，複雑なデリバティブを組み込んだ債券です。外貨建てで，国債や社債よりも高い利回りが設定されています。

図表1-11　国債と仕組債の相違点

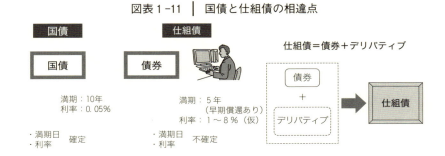

図表1-12　日本国内で販売されている仕組債の例

対象アセット		仕組債の名称
為替系	1	デュアルカレンシー債（2重通貨債）
	2	ノックイン・デュアルカレンシー債（ノックイン2重通貨債）
	3	リバースデュアルカレンシー債
	4	パワーリバースデュアルカレンシー債
	5	為替スーパーボール債（為替ジャンプアップ債）
株式系	6	日経225リンク債
	7	EB債（他社株転換社債）
金利系	8	リバースフローター債
	9	CMS債
	10	コーラブル債
クレジット系 その他	11	クレジットリンク債
	12	リパッケージ債

　近年，証券会社がハイリスクの仕組債を高齢者へ販売して問題になりました。証券・金融商品あっせん相談センターの事例のうち，最も多いものが，仕組債であり，相談事例の約4割を占めている商品です。

図表1-13 仕組債を購入した投資家の声

仕組み債販売で地銀を調査

銀行員に執拗にいい商品だと勧められた。
定期預金のような商品と誤解して契約に至った。

夫が銀行に国債の解約に行ったとき，
その場に証券会社の社員がいて契約。
解約を申し出たら元本が3分の1になっていた。

証券会社の人に勧められ老後の資金1,000万円で購入
このままいくと750万円くらいの損失が出る。
このような危険な商品とは知らなかった。

　この仕組債が，「普通よりも高い金利が得られますよ」とか，「資産家のあなただけが購入する資格がある特別な商品です」と言って，多くの高齢者に売られていたのです。

　仕組債は一見すると魅力的に見えますが，その構造は複雑で，個人投資家には想像以上に大きなリスクが伴います。たとえば，仕組債には個別株価や金利の動きに連動して大きな損失を招く商品があります。他社株転換社債や日経225リンク債といった商品が代表的です。これらはもともとプロの機関投資家向けに開発された商品ですが，最近では個人向けにも販売されています。

　特に問題となっているのは，高齢者や高額な退職金を受け取って資産運用を始める60代の人たちに販売されていることです。

　仕組債に株価指数が組み込まれている場合，投資家は株価指数に連動して損失を引き受ける代わりに，高い金利を受け取ることができます。ゼロ金利の時代でも8％や10％という高い金利で売られていました。しかし，株価指数が大きく下落した場合，その損失を引き受けることになります。

　問題となるのは，株価指数が大きく上昇しても，仕組債自体の値上がりがないにもかかわらず，大きく下落すると損失は無限大となることです。ハイリス

クに比べて、ハイリターンとなっておらず、リスクとリターンのバランスが悪い商品なのです。

図表1-14 ｜ 仕組債の投資家の損益イメージ

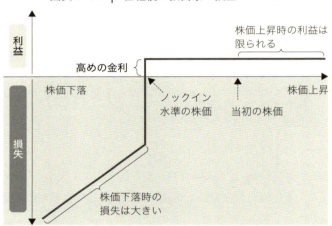

出所：日本経済新聞『仕組み債、リスク大きく「高金利」うたいトラブル』（2022年1月31日）掲載の図表をもとに作成

　それでも仕組債は人気があります。仕組債は債券に分類されるため、安心感があり、安全なものと誤解されることが多いようです。一見すると驚くほど高い金利が設定されており、魅力的に見えます。しかし、株価指数が下落したときの損失について十分に説明されておらず、投資家がそのリスクを理解していない場合があります。

　また、仕組債には「早期償還条項」というものが付いています。これは、3カ月ごとに判定日の株価指数が一定の価格を超えたときに、仕組債の元本が強制的に償還される仕組みです。つまり、高い利息をもらえる期間が長く続かない可能性があるのです。

　早期償還によって元本が現金として戻されると、新たな投資対象を見つけなければいけません。その際、金融機関から新たな仕組債を提案され、再び投資することになります。株価指数が上昇を続ける時期に早期償還と購入を繰り返

していると，株価指数の下落に直面するリスクが大きくなる一方です。安定的に高い利息をもらうチャンスは失われ，これまで受け取った利息が一気に吹き飛んでしまう損失のリスクはなくならないのです。

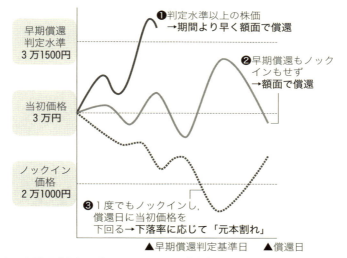

図表1-15 株価指数の変動と仕組債の償還

出所：日本経済新聞『仕組み債，リスク大きく「高金利」うたいトラブル』（2022年1月31日）掲載の図表をもとに作成

投資家にとって重要なのは，損失のリスクに見合うリターンを得られているかどうかです。しかし，仕組債で運用しても，リスクに見合ったリターンを得ることができません。値下がりと値上がりの両方がある個別株式や投資信託に投資するほうが好ましいと考えるべきでしょう。

【6】 運用コストの高い投資信託は避けなさい

不動産を売却して得た現金は，金融商品投資に充てることになります。そこで，金融機関を通じて，どのような金融商品を購入すべきかが問題となります。

この点，短期売買で投機するならば個別株式が対象となります。しかし，素人の一般投資家の方々が，金融市場でプロの投資家と戦っても，容易に利益を得られるわけがありません。

個人財産を長期安定的に運用することを考えるならば，投資信託が最適な投資対象となります。投資信託には，複数銘柄への分散投資効果（ポートフォリオ効果）を享受できるメリットがあるからです。長期間にわたって投資を続けるならば，利回りは必ずプラスになります。

したがって，不動産を売却した後に購入すべき金融商品は，投資信託ということになります。

投資信託は，株価指標に沿った機械的な運用を行うインデックス型ファンドと，優秀な専門家が投資対象を厳選するアクティブ型ファンドに大別されます。一般的に，大手金融機関はアクティブ型ファンドを盛んに販売しています。特に「テーマ型」と呼ばれ，ロボットや AI など，注目を集める銘柄を集めて投資するものが人気です。

しかし，アクティブ型ファンドは，個別株式や債券と比べて，運用コストが高いことが問題となります。すなわち，金融機関へ信託報酬を継続的に支払うことによって，運用利回りが低くなってしまうのです。毎年１％～２％という重い運用コスト負担は，複利効果を通じて，投資家に大きな損失をもたらします。

たとえば，投資信託で資金を10年間運用するとしましょう。購入時の手数料３％と10年分の信託報酬20％（＝２％×10年）を負担することによって，▲23％の損失が確定です。いくら上手に運用しても，信託報酬が足を引っ張ることになります。これでは，ファンドが個別の投資対象からどれだけ大きな利益を上げても，投資信託そのものの価格上昇は難しい話となるでしょう。

別の例として，資金１億円を投じて，株式対象のアクティブ型ファンド（利回り５％）を購入するとしましょう。信託報酬ゼロで20年間運用すれば，２億５千万円まで増加します。しかし，信託報酬１％であれば２億１千万円，信託報酬２％であれば１億７千万円までしか増えません。20年間トータルで，４

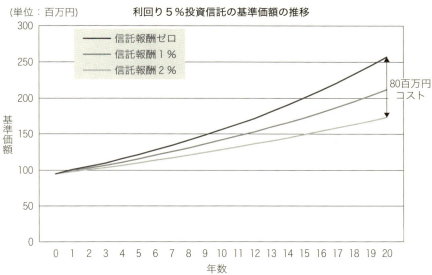

図表1-16 | 信託報酬と運用成果
利回り5％投資信託の基準価額の推移

千万円から8千万円という莫大なコストを金融機関に支払うということです。

本来，長期の運用期間を確保して，適切なリスク分散を図っていけば，相応の利回りが実現するはずです。

なぜなら，**世界経済全体が成長しているからです**。日本経済が衰退しても，中国やインドの経済は成長しています。金融商品を購入するということは，成長する大企業の細分化された持分の一部を取得するということです。世界経済全体が成長すれば，グローバルな大企業は成長し，金融商品の価格水準は，必ず上昇するはずです。

そこで，運用コスト低減とリスク分散効果を同時に実現させるため，インデックス型ファンドやETF（Exchange Traded Funds）に投資するのです。これによって運用コストを抑え，長期的な価格上昇を期待することができます。

インデックス型ファンドやETFは，アクティブ型ファンドと比べて信託報酬が極めて低くなっています（年率0.1％から0.2％程度）。これは，インデッ

クス運用なので企業調査に係るコスト負担がないこと，現物商品の売買を頻繁に行う必要がなく売買コストが小さいことによるものです。

▶ 動画で解説！　ここまでの内容を動画で振り返りましょう。

③インデックス・ファンドの優位性

https://www.youtube.com/watch?v=EqwFjzdLnmc&t=238s

https://www.youtube.com/watch?v=A9OA3pHAi38

【7】 アクティブ・ファンドは買わない

　富裕層の方々の投資対象は，仕組債など外国債券が中心になると思いますが，アクティブ・ファンドも含まれていることがあるでしょう。ヘッジ・ファンドもアクティブ・ファンドと同じものです。

　インデックス・ファンドとアクティブ・ファンドのどちらを選ぶべきかが問題となります。

　インデックス・ファンドは，株式市場全体の平均的な成績を目指すものであるのに対して，アクティブ・ファンドは，運用のプロが厳選した銘柄に投資し，市場平均を上回る成績を目指すものです。

　金融機関は，「このファンドはものすごく儲かりますよ！」と言って，顧客にアクティブ・ファンドを勧めます。これは，信託報酬が高く，販売手数料を取ることができるためです。しかし，実際はぜんぜん儲かっていないのが現実です。

第1章　富裕層の資産運用の秘訣　29

図表 1 -17 ｜ アクティブ・ファンドの特徴

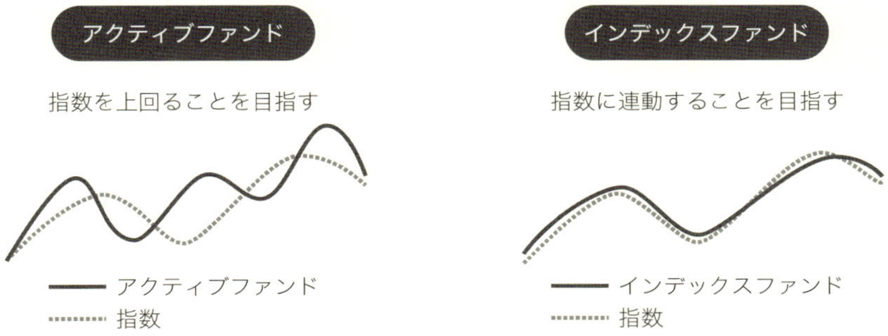

アクティブファンド

指数を上回ることを目指す

—— アクティブファンド
········· 指数

インデックスファンド

指数に連動することを目指す

—— インデックスファンド
········· 指数

　東京証券取引所によれば，2017年までの10年間で，インデックス・ファンドに勝ったアクティブ・ファンドの割合は，日本株で30％，外国株式で10％しかありません。大きく負け越しているのです。過去のデータによれば，ほとんどのアクティブ・ファンドの成績は，市場平均を下回っています。長期の資産運用において，アクティブ・ファンドの成績が，インデックス・ファンドを上回ることは期待することはできません。

　アクティブ・ファンド成績は，大きくばらつきます。アクティブ・ファンドの場合，ファンドを運用する担当者のテクニックによって成績が変動するからです。金融機関からは，過去の実績が良かったアクティブ・ファンドが提案されるはずですが，過去の実績が将来の成績を保証するものではありません。
　仮に，インデックス・ファンドに勝つような素晴らしいアクティブ・ファンドを事前に選ぶことができるならば，世界中の投資家の間で大人気となって価格が上がり，利回りが下がってしまうはずです。結局は，インデックス・ファンドの利回りに落ち着いてしまうでしょう。

　アクティブ・ファンドでの資産運用によれば，リスクが大きく，リターンが低くなります。
　短期的な楽しみやギャンブル的な要素がありますが，長期的な資産運用には

適していません。

　投資の神様と呼ばれるウォーレン・バフェット氏でも，一般の方々のとっての最適な投資対象として，米国株式のインデックス・ファンドを進めています。ウォーレン・バフェットの考え方に従うほうがよいのではないでしょうか。

図表 1 -18 ｜ ウォーレン・バフェットの言葉

What I advise here is essentially identical to certain instructions I've laid out in my will.
～（中略）～
Put 10% of the cash in short-term government bonds and 90% in a very low-cost S&P 500 index fund. (I suggest Vanguard's.) I believe the trust's long-term results from this policy will be superior to those attained by most investors – whether pension funds, institutions or individuals – who employ high-fee managers.

「私は、自分の遺言に書いておいた方法をお勧めします。

（中略）

資産の10％を米国短期国債、90％は低コストのS&P500のインデックス・ファンドに投資してください（バンガード社の投資信託がお勧め）。

あなたがそのように資産運用すれば、高額報酬の運用担当者を雇っている機関投資家よりも、よい結果を出すことができるでしょう。」

出所：バークシャーハザウェイ社　株主通信（2013年）

　投資を始める際は，金融機関の勧める商品に頼らず，インデックス・ファンドを選ぶことが不可欠です。「富裕層のための商品」など存在しません。良い商品は誰にとっても良い商品です。NISA 口座で運用する一般の方々にとって，最適な選択肢であるインデックス・ファンドは，富裕層の方々にとっても最適

な選択肢なのです。

Ⅱ 相続税はこんなに簡単に下げられる！

【1】 相続税を心配する必要はない

　日本の相続税は，「最高税率が55％と高い。相続のたびに財産が半減して，三世代の相続で財産が消えてしまう」と言われることがあります。

　しかし，実際のところは，そこまで重い税金ではありません。税理士として相続税申告を数多く行う筆者の感覚では，**ほとんどのお客様の相続税は，せいぜい1割から2割程度の負担です。**

　たとえば，ご主人と奥様と子供2人の家庭で，法定相続割合による相続を想定した場合，ご主人が2億円の財産を持ち，奥様が財産ゼロであれば，一次相続で合計1,350万円（配偶者は税額軽減でゼロ），二次相続（奥様の相続）で合計770万円の相続税を支払います。結果として，子供2人が承継できた財産は，約1億7千万円となり，約11％の税負担となります。

　同様に，ご主人が3億円の財産を持っていれば，子供2人の承継できる財産は，約2億5千万円，約16％の税負担です。

　これらの税負担に対して，単純に「相続税は重いか？」と聞いても，「それほど重くはない！」と言えるのではないでしょうか。

図表 1-19 ｜ 財産規模と税負担率（要約）：夫と妻・子供2人のケース

ご主人の財産	相続税	子供の正味財産	税負担率
1億円	395万円	9,605万円	4％
2億円	2,120万円	1億7,880万円	10％
3億円	4,700万円	2億5,300万円	16％
5億円	1億1,475万円	3億8,525万円	23％
10億円	3億3,020万円	6億6,980万円	33％

32

図表 1 -20 ｜ 相続税（合計額）の速算表

（単位：万円）

基礎控除前 課税価格	配偶者がいる場合 （配偶者税額軽減適用後）				配偶者がいない場合			
	子1人	子2人	子3人	子4人	子1人	子2人	子3人	子4人
5千万円	40	10	0	0	160	80	20	0
6千万円	90	60	30	0	310	180	120	60
7千万円	160	113	80	50	480	320	220	160
8千万円	235	175	138	100	680	470	330	260
9千万円	310	240	200	163	920	620	480	360
1億円	385	315	263	225	1,220	770	630	490
1億1千万円	480	393	325	288	1,520	960	780	640
1億2千万円	580	480	403	350	1,820	1,160	930	790
1億3千万円	680	568	490	425	2,120	1,360	1,080	940
1億4千万円	780	655	578	500	2,460	1,560	1,240	1,090
1億5千万円	920	748	665	588	2,860	1,840	1,440	1,240
2億円	1,670	1,350	1,218	1,125	4,860	3,340	2,460	2,120
3億円	3,460	2,860	2,540	2,350	9,180	6,920	5,460	4,580
4億円	5,460	4,610	4,155	3,850	14,000	10,920	8,980	7,580
5億円	7,605	6,555	5,963	5,500	19,000	15,210	12,980	11,040
6億円	9,855	8,680	7,838	7,375	24,000	19,710	16,980	15,040
7億円	12,250	10,870	9,885	9,300	29,320	24,500	21,240	19,040
8億円	14,750	13,120	12,135	11,300	34,820	29,500	25,740	23,040
9億円	17,250	15,435	14,385	13,400	40,320	34,500	30,240	27,270
10億円	19,750	17,810	16,635	15,650	45,820	39,500	35,000	31,770

注：1人当たりの税額は人数で割り算する

第1章　富裕層の資産運用の秘訣　*33*

図表1-21　｜　相続税（合計額）の税負担率（＝相続税／相続財産）

基礎控除前課税価格	配偶者がいる場合（配偶者税額軽減適用後）				配偶者がいない場合			
	子1人	子2人	子3人	子4人	子1人	子2人	子3人	子4人
5千万円	1%	0%	0%	0%	3%	2%	0%	0%
6千万円	2%	1%	1%	0%	5%	3%	2%	1%
7千万円	2%	2%	1%	1%	7%	5%	3%	2%
8千万円	3%	2%	2%	1%	9%	6%	4%	3%
9千万円	3%	3%	2%	2%	10%	7%	5%	4%
1億円	4%	3%	3%	2%	12%	8%	6%	5%
1億1千万円	4%	4%	3%	3%	14%	9%	7%	6%
1億2千万円	5%	4%	3%	3%	15%	10%	8%	7%
1億3千万円	5%	4%	4%	3%	16%	10%	8%	7%
1億4千万円	6%	5%	4%	4%	18%	11%	9%	8%
1億5千万円	6%	5%	4%	4%	19%	12%	10%	8%
2億円	8%	7%	6%	6%	24%	17%	12%	11%
3億円	12%	10%	8%	8%	31%	23%	18%	15%
4億円	14%	12%	10%	10%	35%	27%	22%	19%
5億円	15%	13%	12%	11%	38%	30%	26%	22%
6億円	16%	14%	13%	12%	40%	33%	28%	25%
7億円	18%	16%	14%	13%	42%	35%	30%	27%
8億円	18%	16%	15%	14%	44%	37%	32%	29%
9億円	19%	17%	16%	15%	45%	38%	34%	30%
10億円	20%	18%	17%	16%	46%	40%	35%	32%

　　は税負担率10％未満の部分

注：1人当たりの税負担率は人数で割り算する

34

　一次相続から二次相続まで2回の相続で支払う相続税合計額とその負担率の表（図表1-22）を見てみましょう。ご主人の相続財産が1億5千万円までであれば，相続税を2回支払っても税負担率は10％です。相続税はそれほど重い

図表1-22 ｜ 一次＋二次相続の相続税合計額と税負担率

（単位：万円，％）

基礎控除前課税価格	一次＋二次＝合計				合計（税負担率）			
	子1人	子2人	子3人	子4人	子1人	子2人	子3人	子4人
5千万円	40	10	0	0	1%	0%	0%	0%
6千万円	90	60	30	0	2%	1%	1%	0%
7千万円	160	113	80	50	2%	2%	1%	1%
8千万円	275	175	138	100	3%	2%	2%	1%
9千万円	400	270	200	163	4%	3%	2%	2%
1億円	545	395	283	225	5%	4%	3%	2%
1億1千万円	715	523	395	298	7%	5%	4%	3%
1億2千万円	890	660	523	410	7%	6%	4%	3%
1億3千万円	1,065	813	660	535	8%	6%	5%	4%
1億4千万円	1,260	975	798	660	9%	7%	6%	5%
1億5千万円	1,500	1,143	935	798	10%	8%	6%	5%
2億円	2,890	2,120	1,848	1,615	14%	**11%**	9%	8%
3億円	6,320	4,700	3,980	3,590	21%	**16%**	13%	12%
4億円	10,320	7,950	6,615	5,970	26%	20%	17%	15%
5億円	14,535	11,475	9,923	8,620	29%	23%	20%	17%
6億円	19,035	15,600	13,298	11,955	32%	26%	22%	20%
7億円	23,750	19,790	16,865	15,380	34%	28%	24%	22%
8億円	28,750	24,040	21,115	18,880	36%	30%	26%	24%
9億円	33,750	28,395	25,365	22,480	38%	32%	28%	25%
10億円	38,750	33,020	29,615	26,690	39%	33%	30%	27%

░░░は税負担率10％未満の部分

注：1人当たりの税額および負担率は人数で割り算する

税金ではありません。

これは，基礎控除（3,000万円＋600万円×法定相続人の数）という非課税枠があること，相続税の税率は，法定相続人に分けて計算されることによると思われます。相続財産が1億円あったとしても，税率表の限界税率30％を適用するわけではありません。図表1-23に示すように，基礎控除を差し引いた残額を，法定相続人に分け，その金額に対して限界税率を乗じるのです。妻と子供

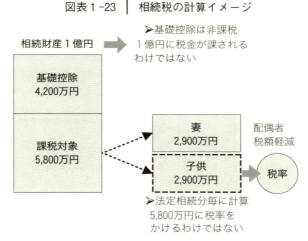

図表1-23　相続税の計算イメージ

図表1-24　相続税の税率表

法定相続分に応ずる取得金額	税率	控除額
1,000万円以下	10%	—
3,000万円以下	15%	50万円
5,000万円以下	20%	200万円
1億円以下	30%	700万円
2億円以下	40%	1,700万円
3億円以下	45%	2,700万円
6億円以下	50%	4,200万円
6億円超	55%	7,200万円

1人の場合，2,900万円に対する限界税率は15％です。さらに，妻には「配偶者の税額軽減」という特例を適用することができますから，法定相続分までは税額ゼロです。この結果として，相続税は385万円に過ぎません（＝2,900万円×15％－50万円）。

しかしながら，**相続税は累進課税**です。財産規模が大きくなるほど，急激に税負担が重くなる計算構造が採用されています。つまり，富裕層の相続税負担は重いのです。たとえば，ソフトバンクの孫会長のような桁違いの大富豪になれば，間違いなく税負担率は50％を超えるでしょう。

図表1-25 　富裕層の財産規模と二次相続までの税負担率（子供2人のケース）

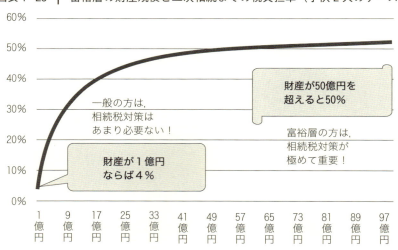

それでは，どの程度の財産規模の大きさになれば，相続税対策に真剣に取り組むべきでしょうか。人それぞれ感じ方は違うかもしれませんが，「相続税負担が重いと感じるような税負担率」だと言えるのではないでしょうか。

たとえば，キャッシュレス決済のPayPayのポイント還元キャンペーンにおける還元率20％には，消費者が殺到したと報道されています。20％は重みのあ

第1章　富裕層の資産運用の秘訣　37

図表1-26　一般の資産家の財産規模と二次相続までの税負担率（子供2人のケース）

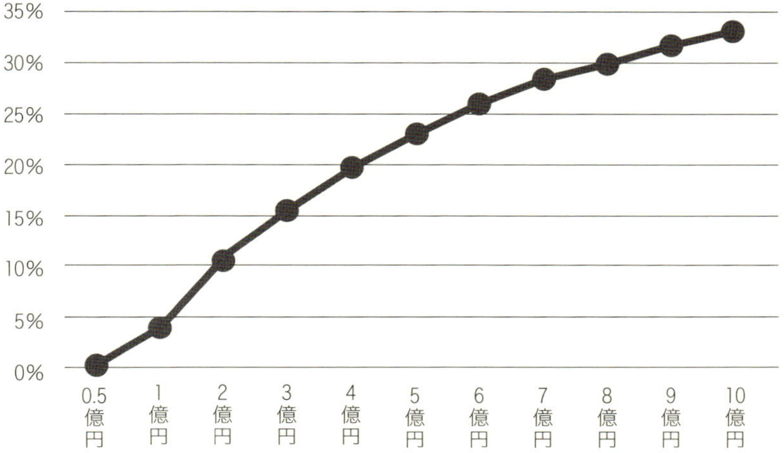

る数字だと言えるでしょう。それでは，消費税率の10%はどうでしょうか。重いと感じる人が多いのではないでしょうか。

　筆者の感覚によれば，税負担率が10%を超えてくれば，相続税対策として節税に真剣に取り組むべきだと考えます。すなわち，相続財産として1億5千万円が基準となります。生前に消費してしまう財産もあるでしょうから，生活費や医療費として−5千万円の減少を想定し，現時点での個人財産が2億円を超えているかどうかが，相続税対策を実行するか否かの判断基準だと考えます。

【2】　生前贈与は今すぐ始めよ

　個人財産2億円が相続税対策に真剣に取り組むかどうかの分かれ目だと述べましたが，それでは，2億円までの方々は，何をすればよいでしょうか。税負担が軽いとは言うものの，可能なかぎり税金は減らしたいものです。

　個人財産2億円以下の資産家の方々であれば，以下の3つの手法を使えば，それで相続税対策は十分です。すなわち，110万円までの贈与を続けること，

小規模宅地等の特例を適用すること，生命保険の非課税枠を使うことです。

図表1-27 ｜ 資産規模と相続税対策の手法

2億円超の財産	・不動産投資 ・法人化 ・経営承継円滑化法
2億円以下の財産	・110万円まで贈与 ・小規模宅地等の特例 ・生命保険の非課税枠

　贈与の方法には，①暦年課税制度，②相続時精算課税制度の2つに大別されますが，これ以外にも，住宅取得資金贈与，教育資金贈与，結婚子育て資金贈与，配偶者贈与などの制度があります。また，非上場株式の贈与については，経営承継円滑化法による贈与税の納税猶予制度があります。

　この点，2億円以下の財産規模の方は，毎年1人当たり110万円の非課税枠（基礎控除）を使って，コツコツと贈与を続けることが最適な節税策となります。暦年贈与と相続時精算課税のどちらも110万円の非課税枠があります。この基礎控除を使うことで，個人財産の一部を，生前に子供や孫に移転させておくことができます。そして，何人に対しても，何年にも分けて，何回でも適用することができます。

　暦年贈与では，1人に1年間に贈与された財産が110万円以下であれば贈与税は課されません。しかし，超過累進課税となっているため，110万円を超えてしまうと相続税よりも税負担が重くなります。それゆえ，贈与する財産が110万円を超える場合であっても，あまり大きく超過させることはできません。

　暦年贈与を使う場合，財産を少額に分け，何年も続けることができれば，結果として節税効果が大きくなります。

　基礎控除は，年間1人当たり110万円と少額です。しかし，この非課税枠は毎年繰り返し利用でき，孫など法定相続人以外の人にも使うことができます。つまり，暦年贈与は，何人でも，何度でも使うことできる制度です。贈与を受

図表1-28 │ 贈与税の速算表

課税価格＝贈与財産価額－基礎控除110万円
贈与税額＝**課税価格**×速算表の税率－速算表の控除額

贈与税の速算表（18歳以上の者が直系尊属
から贈与を受けた場合）

基礎控除後の課税価格	税率	控除額
200万円以下	10%	―
400万円以下	15%	10万円
600万円以下	20%	30万円
1,000万円以下	30%	90万円
1,500万円以下	40%	190万円
3,000万円以下	45%	265万円
4,500万円以下	50%	415万円
4,500万円超	55%	640万円

贈与税の速算表（左記以外の場合）

基礎控除後の課税価格	税率	控除額
200万円以下	10%	―
300万円以下	15%	10万円
400万円以下	20%	25万円
600万円以下	30%	65万円
1,000万円以下	40%	125万円
1,500万円以下	45%	175万円
3,000万円以下	50%	250万円
3,000万円超	55%	400万円

ける人とその回数を増やして，毎年少しずつ贈与を続けるならば，個人財産を
確実に減らし，相続税負担を軽減することができます。

　また，相続人とならない孫への贈与を行いますと，相続を一世代飛び越えるこ
とになり，課税を1回パスすることができます。これも節税効果のある方法です。

　たとえば，8,000万円の預金を持っている人が，3人の子供と1人の孫の合
計4人に，1人当たり年間110万円の暦年贈与を，10年間続けたとしましょう。

◆**生前に子供と孫へ移転する個人財産の価額**
　　110万円×4人×10年＝4,400万円
◆**10年後に所有している個人財産の価額**
　　8,000万円－4,400万円＝3,600万円

　当初持っていた8,000万円の預金から，贈与した現金4,400万円を差し引くと，
残額は3,600万円です。ここまで財産を減らせば，相続財産が基礎控除（配偶

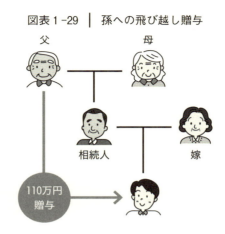

図表1-29　孫への飛び越し贈与

者と子供3人で5,400万円）を下回るため、相続税はゼロとなります。

　毎年110万円の贈与で、相続税対策は済んでしまいます。不動産投資や法人化などの相続税対策を考える必要はありません。

　ただし、暦年課税による贈与の場合には注意が必要です。相続発生の直前に贈与した場合、110万円であっても、その贈与財産が相続財産に加算されることになるからです。

　相続発生日が2026年12月末までならば、3年前までの贈与財産だけを加算しますが、2027年1月から2030年12月末までの場合は、2024年1月から相続発生日までの期間、2031年1月以降になると、7年前までの贈与財産が相続財産に加算されることになります。

　たとえば、90歳を超えるような高齢の方であれば、この7年間に抵触する可能性が高いことから、暦年課税を選択すべきではありません。相続時精算課税を選択すべきでしょう。贈与財産のうち110万円までの部分だけは相続財産に加算されることがないからです。

【3】 子供や孫への贈与は王道

　子供や孫に財産を贈与するとき，活用すべき制度があります。それは，結婚・子育て資金贈与の制度と，教育資金贈与の制度です。

　「直系尊属からの結婚・子育て資金の一括贈与を受けた場合の贈与税の非課税制度」とは，20歳以上50歳未満の子供や孫に対して，結婚・子育てのための資金を贈与するとき，1,000万円（結婚費用は300万円）まで贈与税がかからずに贈与できる制度です。

　一方，「直系尊属から教育資金の一括贈与を受けた場合の贈与税の非課税制度」は，30歳未満の子供や孫に対して，教育資金を贈与するとき，1,500万円（学校以外は500万円）まで贈与税がかからずに贈与できる制度です。

　そもそも，夫婦間や親子間など，扶養義務者から生活や教育に必要なお金を渡そうとするとき，通常必要と認められるものに贈与税はかかりません。

　ただし，贈与税がかからないのは，生活費や教育費として消費されたものに限られます。お金を受け取った子どもや孫が消費せず，金融資産や不動産の購入に充てるような場合には，贈与税がかかることになります。また，複数年度分の教育費などをまとめて贈与した場合にも，贈与税がかかることがあります。

　この点，通常必要と認められる範囲を超えてお金を渡したい場合には，問題となります。今すぐ必要ではないが，将来的に必要となるであろう生活費や教育費です。そのような場合，結婚・子育て資金，教育資金の非課税制度を適用すれば，贈与税はかかりません。

　これらの制度は，いずれも金融機関で口座を開設して預け入れた資金を，その時点では贈与税を非課税とし，上限年齢に達する時点において，その資金の残額に対する贈与税を課すというものです。また，暦年贈与や住宅取得等資金贈与の制度と併用することが可能です。

　しかし，贈与者の死亡時に残額があった場合，教育資金贈与の制度であれば相続税が課されないのに対して，結婚・子育て資金贈与の制度の場合には相続税が課されることになります。

　さらに，子供が住宅の取得を行う場合には，「直系尊属から住宅取得等資金

の贈与を受けた場合の贈与税の非課税制度」を使うとよいでしょう。これは，18歳以上の子供や孫（合計所得2,000万円以下）に対して，一定の要件を満たす居住用家屋を新築，取得または増改築するための資金などを贈与した場合，2026年12月までは，1,000万円（省エネ性・耐震性を備えた住宅用家屋）または500万円（それ以外）まで，贈与税がかからずに贈与できる制度です。

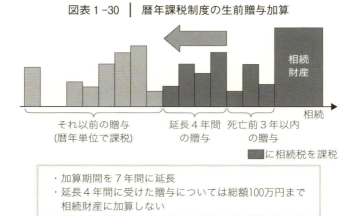

図表1-30　暦年課税制度の生前贈与加算

・加算期間を7年間に延長
・延長4年間に受けた贈与については総額100万円まで相続財産に加算しない

▶ 動画で解説！　ここまでの内容を動画で振り返りましょう。

④相続の極意

https://www.youtube.com/watch?v=bkbAuqn3GFc

第1章　富裕層の資産運用の秘訣　*43*

【4】　NISA を活用した相続税対策

(1)　NISA とは何か

　NISA とは，少額投資非課税制度のことで，株式や投資信託などの金融資産から生み出された配当金や売却益が非課税となる優遇制度です。日本に住んでいる18歳以上の方であれば誰でも口座を開設することができます。

　証券会社の一般口座や特定口座で得た所得には20％の所得税が課されますが，NISA 口座であれば非課税となるため，資産運用の利回りを高めることができます。

　新しい NISA 制度は恒久化されたため，期限がありません。非課税で運用できる期間は無期限です。

　年間投資枠は，成長投資枠として240万円，つみたて投資枠として120万円，合計360万円です。毎月1回購入するとすれば，毎月30万円の投資を続けることが可能です。また，投資累計額の上限が1,800万円です（成長投資枠は1,200万円）。運用する商品を一部売却しても，翌年には投資枠が復活するため，1,800万円の枠内であれば再度投資することができます。これにより，老後資金の準備のためにより多く投資することが可能になります。

図表1-31 ｜ NISA の特徴

	成長投資枠	つみたて投資枠
投資可能期間	恒久化（ずっと使える）	
非課税期間	無期限	
年間投資額	240万円まで	120万円まで
非課税限度額	合計1,800万円	
	うち1,200万円	
運用商品	投資信託と株式	投資信託のみ

⑵　NISA 口座で運用する金融資産の相続

　NISA 口座を持つ方が亡くなった場合，そのままでは運用する金融資産を売却し，現金を出金することはできません。相続手続きが必要となります。

　相続人は，被相続人の死亡を知った後，NISA 口座の株式や投資信託を相続人が持つ特定口座へ移管するために，「非課税口座開設者死亡届出書」と「相続上場株式等移管依頼書」を証券口座に提出しなければなりません。その際，被相続人の NISA 口座と相続人の特定口座は同一の証券会社である必要があります。また，相続人の NISA 口座に移管することはできません。

　相続手続きにおいて，相続発生日までの値上がり益については非課税です。つまり，相続時の含み益に対して所得税はかかりません。相続人の特定口座には，相続発生日の時価で移されます。その後，相続人が特定口座において，移管した株式や投資信託を売却した場合，その取得価額は，相続発生日の時価によって計算されることになります。つまり，売却益は相続発生日以降に発生した損益によって計算されるのです。

　一方で，株式や投資信託を移管するときには，相続税が課されます。この際，相続財産となる株式や投資信託は，相続発生日の終値，その月の終値の月間平均額，前月の終値の月平均額，前々月の終値の月平均額の中で最も低い金額によって評価されることになります。

⑶　税金ゼロの資産運用と承継スキーム

　富裕層の親世代は，子供や孫に財産を残そうとして金融資産で運用します。しかし，運用期間中に得た利益には所得税と住民税が課され，利益の約20％の税負担があるため，リターンが低下してしまいます。また，相続時には相続税が課されるため，子供に残される財産は，納税によって目減りします。相続税率が55％であれば，子供には半分も残すことができません。

　つまり，親から子供へ財産を残そうとする場合，所得税と相続税の二重課税

によって，子供の手取り額は大幅に減少してしまいます。

この点，親がNISA口座で運用すれば，所得税・住民税が非課税となるため，税負担によるリターンの低下を抑えることができます。

それでも，相続時には相続税が課されるため，納税によって子供の手取り額が減少することは避けられません。

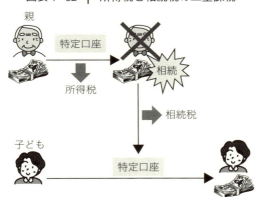

図表1-32 　所得税と相続税の二重課税

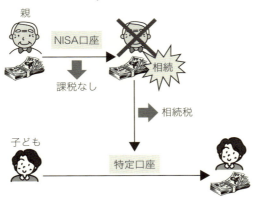

図表1-33 　NISA口座開設の効果

そこで，税負担を軽減するために，親から子供に毎年110万円ずつ現金を贈与し，子供が自ら開設した NISA 口座で資産運用させるのです。贈与税の基礎控除額である110万円の範囲内であれば，贈与税が課されません。また，子供は受け取った資金を NISA 口座で運用することで，所得税や住民税も非課税となります。これによって，所得税や住民税だけでなく相続税負担まで回避でき，子供の手取り額を最大化することができます。

図表1-34 ｜ 税負担ゼロの相続税対策と資産運用

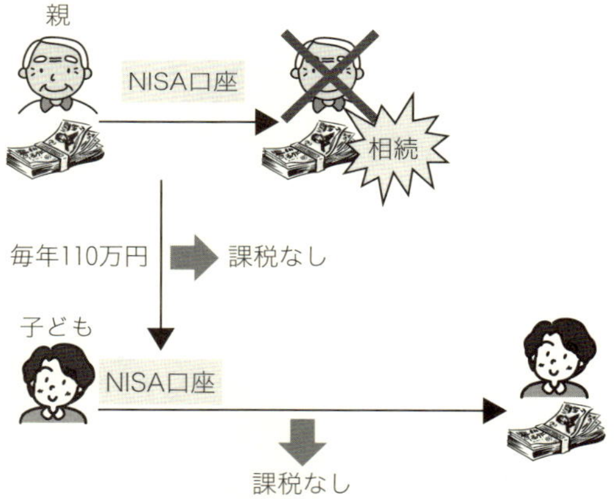

　NISA の上限は1,800万円です。毎年110万円の贈与を続けると，17年で上限に達します。暦年課税と相続時精算課税のどちらも110万円の非課税枠があります。

　また，子供だけでなく孫にも，この手法を適用することができます。孫が18歳以上であれば，NISA 口座を開設させることが可能です。

　たとえば，子供が3人いる場合，毎年330万円（＝110万円×3人）ずつ贈与を続けることができます。親が60歳のときにスタートすれば，17年後の77歳までに5,400万円の資産承継が完了します。その一方で，NISA 口座で運用する子供の資産は大きく増えていることでしょう。

これが理想的な資産運用と資産承継の手法だと考えられます。

図表1-35　理想的な資産運用と資産承継

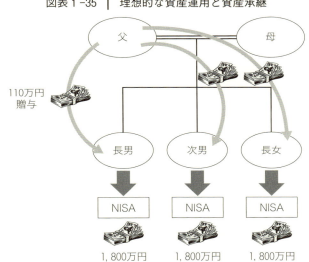

Ⅲ　賃貸不動産経営で安定収入を得る

【1】　賃貸経営で安定したキャッシュ・フローを生む秘訣

　建物の取得価額には減価償却計算が行われ，耐用年数（ここでは22年）にわたって経費として配分されることになります。NOIから減価償却費と支払利息を控除した金額が，不動産所得となります。

　不動産所得に対して税金が課されます。よって，NOIから支払利息と税金を控除した金額が，借入金元本の返済原資となります。

　その結果，既述の計算例において，オーナー個人の不動産所得と税金は，図表1-36のグラフのようになります。ここから読み取ることができる事実は，**不動産所得と税金は，減価償却が終了する23年目以降は急増する**ということで

図表1-36 | 不動産所得と税金の推移

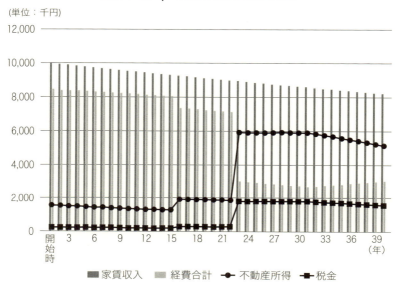

す。つまり、40年間の不動産経営を通じて、税金は前半は少なめ、後半は多めに支払うことになります。

一方、次頁の図表1-37のグラフで、借入金返済の状況を見てみましょう。返済原資は、NOIから支払利息と税金を控除した利益額、換言すれば、**減価償却費を除外した、税引後の利益額（回収額）**です。この累計額（回収累計）は、17年目に1億円を超えますので、**17年かけて1億円の投資（取得価額）を全額回収することができた**と考えることができるでしょう。

税引後の利益額から、借入金の元本返済額を差し引くと、現金手取額を計算することができます。

現金手取額の推移で問題となるのは、23年目から30年目に金額が著しく減少することです。22年目までは、税金が小さいため、十分な現金を手元に残すことができます。しかし、23年目以降は、税金が大きくなることから、NOIを維持しても、現金は手元にほとんど残らなくなります。**税金が大きくなるのは、**

第1章 富裕層の資産運用の秘訣　49

図表1-37 ｜ 借入金元本返済額と現金手取額の推移

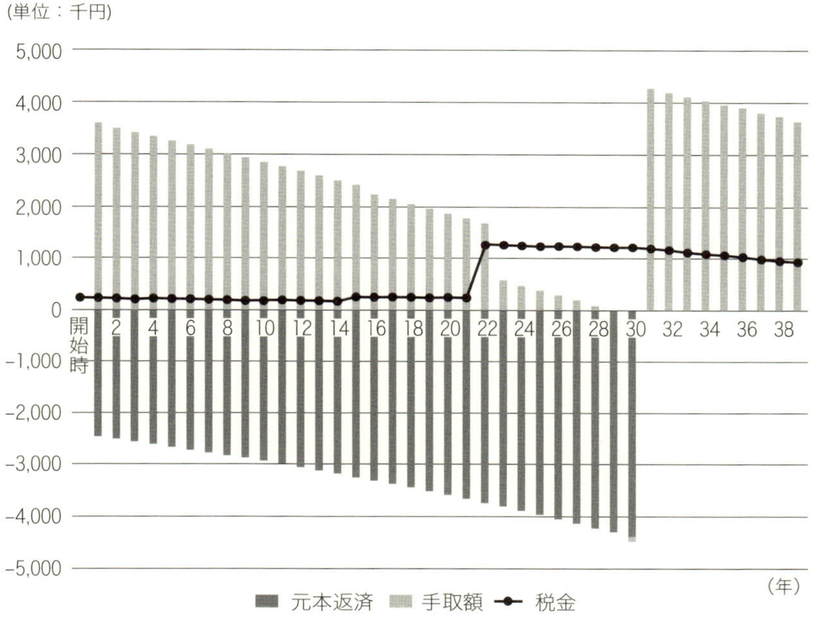

（単位：千円）

（年）

■ 元本返済　■ 手取額　●－ 税金

減価償却が終了し，不動産所得が大きくなるためです。また，支払利息の減少
も要因となります。

　しかも，28年目，29年目および30年目は，現金手取額がマイナス，つまり現
金の持ち出しになります。これが「デッドクロス」と呼ばれる期間です。

　そして，この苦しいデッドクロスの期間を乗り越えることができれば，30年
目に借入金の返済期間が満了し，その後は税引後利益額のすべてが現金で手元
に残るようになります。

【2】　不動産投資そのものが税負担の軽減になる

　不動産の賃貸経営において節税を考える方々には，3つのタイプがあります。

　1つのタイプは，すでに賃貸経営を行っている方々（地主）です。毎年の確
定申告で大きな不動産所得が計上されている方々は，所得税の節税に関心があ

ります。その場合，ある程度大きな規模の経営を行っているのであれば，個人経営から法人経営に切り換えることによって節税が可能となります。

　また，先祖代々相続されてきた土地を手放したくない方々は，相続税の節税にも関心があります。その場合でも，同様に，個人経営から法人経営に切り換えることによって，節税が可能となります。

　もう1つのタイプは，賃貸経営はまだ行っておらず，これから不動産投資を検討したいという方々です。たとえば，医師，金融機関，大企業の役員など高額所得を稼ぐ方々は，給与所得がとても大きいため，所得税の節税に関心があります。また，弁護士や企業オーナーなど個人事業主で成功されている方々は，事業所得がとても大きいため，同様に所得税の節税に関心があります。これらの方々の場合，節税商品の減価償却費を活用することによって，所得税30％の節税が可能となるケースがあります。

　さらに，不動産投資には無縁であったが，相続税対策としての不動産投資を考えるタイプがあります。多額の金融資産（有価証券）を所有する富裕層の方々は，いったん増やしてしまえば，老後は相続税の節税に関心を持つことになります。この場合も不動産投資を行うことによって節税することが可能です。

　以上のように，さまざまな資産家のタイプがありますが，不動産投資を行うこと，それ自体が節税となるのです。

　そして，大きな不動産を所有される方は，個人経営から法人経営に切り替えることによって，さらなる節税が可能となります。

　所得水準の高い方々は，すでに高い税率で所得税を支払っていますから，それ以上に所得を増加させてしまうと，累進課税の所得税負担が一段と重くなります。それゆえ，個人の所得を法人へ付け替えることによって，個人の所得を増やさないようにすることが検討されます。

　このための節税の方法が，所得税と法人税を適切に配分することです。すなわち，個人経営の不動産オーナーが，法人による賃貸経営に切り替えることです。これを「法人化」といいます。

　もちろん法人を所有しますと，地方税均等割や税理士報酬などの維持コスト

図表1-38 　不動産の賃貸経営と節税ニーズ

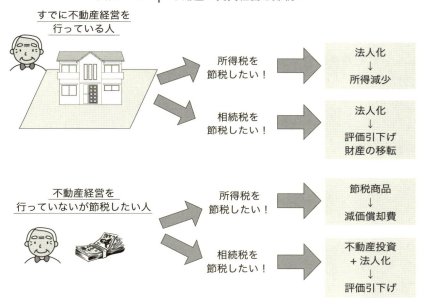

が発生します。しかし，不動産所得の金額が大きくなると，コスト負担よりも節税効果のほうが大きくなるため，法人化すべきという結論になります。

【3】 節税によって利回りを向上させる

不動産投資に対する利回りを上昇させる手段として，家賃収入の増加と，経費の減少が考えられます。経費のうち，管理費や修繕費を減少させることは容易ではありません。しかし，税金支払額を減少させることは，それほど難しくありません。節税手法があるからです。

税金は，収入から必要経費を差し引いた所得に対して課されるものであり，個人の場合，所得税，住民税および個人事業税です。

所得税の計算は，超過累進税率を適用する総合課税です。また，住民税（都道府県民税と市町村民税）の計算は，税率10％の所得割と均等割によることに

なります（基礎控除33万円）。事業的規模になると個人事業税が課されますが，その計算では税率5％です（基礎控除290万円）。

そして，店舗，事務所や駐車場などのために賃貸している場合には，受取賃料に対して消費税が課されることになります（課税売上に対して10％）。居住用に賃貸している場合，消費税は課されません。

節税とは，税法の枠内で，税金を払い過ぎないようにすることです。支払う必要のない税金を支払わないようにすることで，税金コストを減少させ，現金手取額を増加させることができます。

節税の具体的な方法として，以下の3つが挙げられます。

---

① 　各種の税法上の特典（特例，所得控除など）を活用すること
② 　諸経費を最大限計上すること
③ 　所得税と法人税を適切に配分すること

これらによって，課税所得を減少させることが必要です。もちろん，これらの方法を立案するためには，税理士を雇うことが必要となりますから，追加的な費用負担が発生するかもしれません。しかし，十分に節税効果が発揮されるとすれば，税理士報酬など安いものであり，結果として正味の現金手取額は大きくなるはずです。

①税法上の特典を利用する方法の代表例が，青色申告です。事業的規模（5棟10室以上）で賃貸経営を行っている場合，複式簿記で記帳し，損益計算書だけでなく貸借対照表も作成して確定申告を行うことによって，10万円ではなく，65万円（原則）の所得控除ができます。

加えて，家族に対して青色事業専従者給与を支払うことができ，それを経費に算入することができます。これは，15歳以上の同居親族が，専業で賃貸経営に従事する場合において支払われる給与です（事前の届け出が必要）。

たとえば，不動産所得2,000万円の不動産オーナーが，年間約700万円の所得

税等を支払っていたとしましょう。ここで，奥様に青色事業専従者給与を600万円支払うとすれば，奥様は年間約80万円の所得税等を負担することになります。しかし，ご主人の不動産所得が1,400万円に減少することで，所得税等が年間約450万円になります。したがって，2人の税金をトータルで見ますと，−170万円（＝（450万円＋80万円）−700万円）の減少となります。

　なお，不動産の耐用年数が到来する前に相続が発生するようであれば，親子の世代間を通じて不動産投資を継続することになります。この場合，利回りの計算には，法人税や所得税等の支払額だけでなく，相続税の支払額を考慮しなければいけません。それゆえ，世代間を通じた利回り向上を目指すのであれば，**相続税の節税**も忘れてはいけません。

【4】　漏れなく必要経費を計上せよ

　不動産を個人で経営するオーナーは，賃貸経営のための支出と，日常生活のための支出を同じ財布で行うため，必要経費と生活費が混同される傾向にあります。当然ながら，日常生活のための生活費は，必要経費に算入することはできません。しかし，必要経費とすべき支出が生活費とされ，算入が漏れてしまうケースが多く見られます。

　節税のためには，②諸経費を最大限計上することも必要です。すなわち，不動産所得から差し引かれる**必要経費の漏れをなくさなければいけません。**

　不動産管理会社に支払う管理費用，建物の減価償却費，借入金の支払利息は，必要経費として明確であり，漏れるおそれはありません。しかし，必要経費になるか否か悩ましい支出が漏れてしまうことがあります。

　そこで，不動産オーナーが行った支出のどこまでが必要経費に算入できるか，ここで確かめておきましょう。

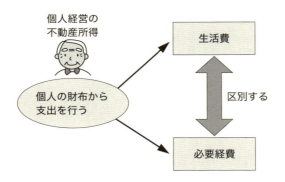

■ 研修費

「大家さん向けセミナー」や「不動産経営セミナー」の受講料は，必要経費となります。また，セミナー終了後に開催される懇親会への参加費も，必要経費（交際費）となります。さらに，セミナーを受講するために必要な交通費や宿泊費も必要経費（旅費交通費）となります。不動産投資に係る専門書籍の購入代金も，必要経費となります。

しかし，不動産に関連する支出だといっても，宅地建物取引士の資格取得のための受験講座の受講料は，賃貸経営そのものに関係するものではありませんから，必要経費とすることはできません。

ちなみに，不動産に関連するセミナーだと言っても，単なる自己満足だけで，役に立たないセミナーを受講しても，将来の収入増加に貢献しないため，個人財産の減少をもたらす無駄な経費ということになるでしょう。

■ 交際費

食事代は悩ましい支出です。購入しようか悩んでいる物件を見に行ったときに外食した食事代については，誰と一緒に食べたかによって必要経費になるか否かが決まります。自分1人で食べたり，家族や友人と一緒に食べたりしたときは必要経費とすることはできません。しかし，不動産管理会社の営業担当者と一緒に食べたときには，居酒屋で飲んでも，キャバクラで遊んでも必要経費

第1章　富裕層の資産運用の秘訣　55

（交際費）となります。それゆえ，飲食費の領収書には，誰と一緒に食べたのかを記録しておかなければいけません。

■　旅費交通費

　自分が所有する物件を見に行ったり，購入しようか迷っている物件を見に行ったりするときの交通費や宿泊費は，必要経費とすることができます。交通費は，電車賃，バス代，タクシー代だけでなく，自動車を運転したときのガソリン代，駐車場代，高速利用料も含みます。

　ただし，物件を見るために遠出するような場合，遊びに行ったのか区別できないケースがあるため，視察した物件の写真を撮影しておくなど，賃貸経営のための経費である証拠を残しておく必要があります。

■　自動車に関する費用

　賃貸経営のために自己所有の自動車を使用する場合，ガソリン代，駐車場代，高速利用料は当然のこと，洗車代，自動車税，自動車保険料，修理代，車検費用まで幅広く必要経費とすることができます。

　ただし，自動車をプライベートで使用することもあるはずですから，賃貸経営のための支出とプライベート使用のための支出は，合理的な基準で按分しなければなりません。いずれにも属さない支出をどちらに区別すべきかが問題となりますが，賃貸経営のための支出として取り扱っても問題ありません。

■　事務所に関する費用

　自宅を賃貸経営のための事務所として使用している場合，家賃をプライベートな居住部分と事務所部分に按分して，必要経費を計算することになります。たとえば，（賃借している場合の）支払家賃，水道光熱費，電話代，インターネットの通信費用などです。これらは，賃貸経営のための支出とプライベート使用のための支出に，合理的な基準で按分しなければなりません。

　按分基準が問題となりますが，通常は，面積按分となるでしょう。それゆえ，

自宅の中にパーティションで区切った事務スペースを設け，客観的に面積を測定できる状態にしておかなければいけません。

■ 従業員と一緒に行く慰安旅行費用

「家族と一緒に行った旅行の費用を何とか必要経費に入れたい」というご要望を聞くことがあります。この点，厳しい要件が2つあります。1つは，旅行が4泊5日以内であることです。もう1つは，旅行の参加者が，職場全体の従業員数の50％超であることです。

ここで，従業員の全員が親族である場合に問題となります。これについて，従業員が青色事業専従者（家族）であれば，その全員と一緒に旅行したとしても，旅行費用を必要経費とすることはできません。必要経費とする場合，従業員は親族外であることが必要なのです。親族外の従業員を連れて旅行するのであれば，その一部に家族が混ざっていたとしても，旅行費用を必要経費とすることができます。

■ 開業のための費用

実は，賃貸経営は，物件を取得する前から始まっているのです。物件を取得する前に，「不動産投資セミナー」を受講したり，不動産投資の専門書を購入したりすることがあるはずです。また，購入しようか検討している物件の視察に行くこともあります。さらに，不動産仲介業者との食事代はもちろん，自宅を事務所として使った場合には，水道光熱費，通信費なども発生します（生活費と按分します）。

これらの支出は，実際に賃貸経営を始めていない段階であっても，必要経費に算入することができます。ただし，いったん「開業費」として資産計上し，賃貸経営がスタートした後に，その償却によって必要経費に配分することとなります。これを知らずに領収書を捨ててしまい，必要経費に入れない方が数多くいますが，もったいないことです。領収書をきちんと保管しておくことが必要です。

> ▶ 動画で解説！　ここまでの内容を動画で振り返りましょう。

⑤不動産投資

https://www.youtube.com/watch?v=VFGnwGmyZwk

Ⅳ　認知症対策に備えて安心の資産管理を！

【1】　認知症リスクも回避！　法人経営のススメ

　高齢の父親が，不動産や金融商品を所有している場合，認知症になった後の財産管理・処分が問題となります。なぜなら，認知症になって判断能力がなくなってしまうと，法律行為（契約の締結など）ができなくなるからです。

　賃貸不動産の個人経営を行う場合，不動産オーナーは，家賃収入から所得を稼ぐことができます。しかし，**不動産オーナーが認知症になってしまうと，不動産の修繕や売却，建替えや買換え，贈与ができなくなります。金融商品の取引も同様です。売買ができなくなります。**

　たとえば，賃貸不動産の修繕，建替えなどを工務店に発注することができなくなりますし，売却することもできなくなります。もちろん，生前贈与も不可能です。持っている不動産に係る法律行為が何もできなくなってしまうのです。

父親が認知症になったら，財産を処分することができなくなってしまいます。相続対策もできなくなります。

　そこで，認知症になる前に，不動産オーナーや金融商品の投資家は，個人経営から法人経営に移行し，不動産の所有権を法人へ移しておく必要があるのです。不動産を法人へ売却または現物出資すると，不動産や金融商品の所有権は法人へ移転します。
　賃貸不動産を法人経営している場合，認知症を心配する必要がありません。なぜなら，不動産に係る意思決定を行うのは，法人の代表者（代表取締役，代表社員）であり，不動産オーナーではないからです。
　法人の代表者に子供が就任するとすれば，不動産経営は，オーナー個人から子供に移行し，オーナー個人が認知症になってしまった場合でも，問題は発生しません。

図表1-39　個人経営と法人経営の違い

■個人経営
①所有権が**ある**
②所得を得る

■法人経営
①所有権は**ない**
②所得を得る

このように不動産オーナーの認知症対策として法人経営が有効な解決策となります。金融商品の投資家にとっても同様の解決策となります。

【2】 民事信託は認知症対策だと知ろう

たとえば，父親が持っている賃貸不動産を長女に預ける場合を考えましょう。家族内で信託契約を締結します。つまり，父親は「私の不動産を預かって下さい」，長女は「はい，わかりました。私が預かりましょう」という契約です。その結果，不動産の所有権は父親から長女に移転します。

この場合，預ける人である父親を「委託者」，預かってくれる人である長女を「受託者」といいます。不動産の所有権移転ですから，登記を行い，名義を長女に変更します。その際の登記の原因は「信託」となります。

民事信託で面白いのは，財産を預かった人が，その財産から生じる利益を享受するわけではないことです。

ここでのケースであれば，不動産の名義は受託者である長女となるにもかかわらず，家賃収入は長女のものにはなりません。家賃収入を受け取る権利を父親として設定すれば，不動産所得は父親に発生することになります。これを受益権といいます。結果として，賃貸不動産の入居者が支払う家賃はいったん長女の銀行口座に振り込まれることになりますが，長女はそれを受益者である父親に渡さなければならないのです。

図表1-40 ｜ 子どもに預けておく

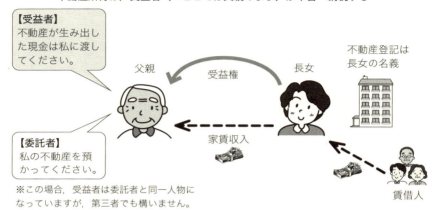

認知症になりそうであれば，そうなる前に，子供を受託者とする信託契約を行い，不動産の名義を子供に変えておけばよいでしょう。受益者をお父様とすれば贈与税は課されません（自益信託）。これによって，不動産の管理・処分に係る法律行為は子供が行うことになり，父親が認知症になってしまった場合でも問題は生じなくなります。

認知症対策を考える場合，もう1つの解決策として「成年後見人」が検討されるかもしれません。これは，判断能力が無くなった方のために，家庭裁判所が選任した「成年後見人」が代理人として法律行為をすることによって，その方を保護し，支援する制度です。

しかし，父親が認知症になってしまった場合，その配偶者（母親）の相続が発生したとき，父親の成年後見人は遺産分割協議において必ず遺留分の請求をしなければなりません。

また，子供のために小遣いをあげることはできませんし，急にお金が必要となった家族のために資金援助してあげることもできません。

図表1-42　自益信託は課税なし

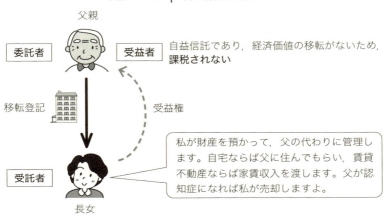

　さらに，父親の財産に対して相続対策を行うことや，生前贈与を行って子供へ承継させることも禁止されます。これらは父親の財産を減らしてしまうものとして家庭裁判所が認めてくれないのです。

　それゆえ，民事信託のほうが成年後見制度よりも使いやすいと言われるのです。信託であれば，配偶者の相続で遺留分請求を行う必要はありませんし，家族のためにお金を使ってあげることもできます。また，信託契約で規定しておけば，生前贈与などの相続対策も可能です。認知症対策には，民事信託が最適な方法なのです。

【3】　法人化か民事信託か

　法人化と民事信託は，いずれも**認知症対策に効果がある**ことが共通しています。共有持分がある場合の一元管理という目的にも有効です。
　しかし，相続税対策の点で異なります。すなわち，民事信託には財産評価を引き下げる効果はありませんが，法人化には財産評価を引き下げる効果があります。

また，遺言機能の有無の点でも異なります。すなわち，民事信託には遺言書と同じく，所有権を誰が承継するのかを生前に決定する機能がありますが，法人化には遺言のような機能はありません。

図表1-43 ｜ 法人化と民事信託の比較

	法人化	信託
認知症対策（名義の移転）	可能	可能
共有持分の一元管理	可能	可能
財産評価引下げ（相続税対策）	可能	不可
給与所得控除，子への所得分散	可能	不可
遺言代用機能（二次相続まで）	なし	あり
不動産取得税・登録免許税	負担重い	負担軽い

共通メリット
遺産分割対策

信託の
メリット

税務の観点においても，これらには違いがあります。すなわち，民事信託では不動産所得に所得税が課されますが，法人経営では給与所得に所得税を課されることになり，所得を法人に留保した場合は法人税が課されます。

また，個人の相続財産については，民事信託では不動産が課税対象となりますが，法人経営では株式（出資金）が課税対象となります。

図表1-44　法人化と民事信託の税務上の取扱い

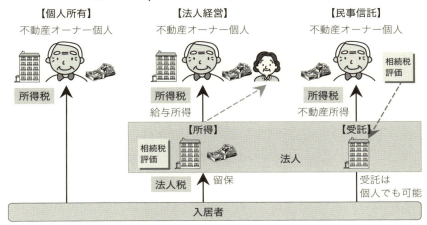

> 動画で解説！　ここまでの内容を動画で振り返りましょう。

⑥認知症と介護保険

https://www.youtube.com/watch?v=YgsCM_2HMbE

第 2 章
不動産を活用した相続税対策

Ⅰ　相続税を賢く避ける不動産投資

【1】　相続税から資産を守る方法を学ぼう

「昨年の運用利回りは10％だった，素晴らしい！」という投資家のコメントを聞くことがあります。うまく資産運用を行うことができれば，個人財産を大きく増やすことができます。

ただし，この10％利回りを実現した投資家には，売却時は所得税等が課されます。金融商品であれば20％ですが，不動産であれば最高税率55％です。税金が差し引かれると，手取り現金ベースでは，10％利回りを大きく下回ることになります。この程度の知識は，一般的な投資家の方々であれば，持っておられるはずでしょう。

個人財産を一代で増やすのであれば，とにかく利回りが高くなる投資を行うべきです。そうであれば，不動産よりも利回りの高くなる金融商品が選択されることになります。自分の世代で資産を使い切る，死んだら個人財産を市町村に寄付するとおっしゃる方は，このような考え方となるでしょう。

しかし，子供に財産を残すといった，世代間の長期の資産運用を考えるのであれば，「相続」というイベントを乗り越える投資利回りを考えなければいけません。そこで絶対に考慮しなければいけないものは，相続税という大きな損失です。

「相続税が損失」と言われてもピンとこないかもしれません。なぜなら，こ

の損失は，いま資産運用する投資家が自ら負担すべきものではないからです。この損失は，その投資家が死んだ後，相続人である子供が負担するものです。大きな損失ではあるものの，投資家はその損失を被る悲劇を体感することはありません。

　しかし，筆者は，税理士として相続税申告の税務代理を行う際，数億円の税金を一括現金払いする相続人の方々を間近で見ています。相続人の方々は，相続税負担の大きさに直面し，驚いています。

　ここに大きな落とし穴があります。相続人の方々が支払う税金の財源は，自ら築いた財産ではないということです。つまり，被相続人である親が築いた財産なのです。「親の相続財産だから仕方ない」として，巨額の相続税の支払いにも，あまり心が傷まないのです。結果として，**相続税を損失として認識する人は，相続というイベントを通じて，誰もいなくなるのです。**

　相続税という損失の発生は，個人財産の資産運用に伴うリスク要因と考えることはできないでしょうか。著しく大きな損失であるにもかかわらず，「相続税を支払うのが怖い」とおっしゃる方は，ほとんど存在しないようです。

　一方で，「景気悪化で，株価が下落するリスクが怖い」，「大地震で，不動産を倒壊するリスクが怖い」とおっしゃる方は大勢います。

　しかし，これには異論があります。株価は，短期的に下落するかもしれませんが，長期的には上昇することが期待されます。また，不動産の価格は，大地震によって下落するにしても，不動産そのものが倒壊して価値がゼロになる可能性は，それほど大きくありません。

　これに対して，**相続税という損失が発生する確率は100％です。**これが忘れられていないでしょうか。

　しかも，相続税を支払う相手，債権者は税務署であり日本国家です。絶対に逃れることはできません。こんなに怖いリスク要因は，他には存在しないで

第2章 不動産を活用した相続税対策　67

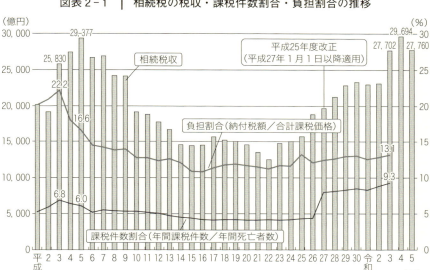

図表2-1　相続税の税収・課税件数割合・負担割合の推移

（注1）　相続税収は各年度の税収であり、贈与税収を含む（令和3年度以前は決算額、令和4年度は決算額（概数）、令和5年度は予算額）。
（注2）　課税件数、納付税額及び合計課税価格は、「国税庁統計年報書」により、死亡者数は、「人口動態統計」（厚生労働省）による。

出所：財務省「相続税の課税件数割合、負担割合及び税収の推移」『もっと知りたい税のこと』（2023年7月）

しょう。投資家の方々が長期的な資産運用に成功し、個人財産を増やすことは、結果的に日本国家に対する債務が増えることを意味するのです。

　そうしますと、投資家の方々は、資産運用を行う期間において、最初から最後まで、**日本国家に対して簿外債務を背負っている**ということです。これを認識していない方がほとんどなのです。

　しかし、この債務は目に見えません。負担していることを感じることはありません。なぜなら、この債務は、自分が死んだときに顕在化するものだからです。この債務を実感するのは自分ではなく、将来の相続人なのです。それでも、**「相続税未払金」という債務が確かに存在しています。**

冒頭に述べた「昨年の運用利回りは10％だった，素晴らしい！」というコメントを，正しく計算して表現し直してみましょう。

金融商品を前提とすれば，「この商品の運用利回りは10％だった！ しかし，所得税等で２％を支払い，相続税未払金が４％発生したので，正味の利回りは４％だった！（＝10％ − ２％ − ４％）」ということになります。**相続税という大きなコスト負担を忘れてはいけません。**

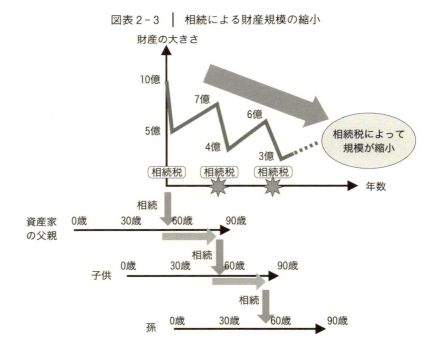

図表２-２ ｜ 利回り10％の正しい計算

図表２-３ ｜ 相続による財産規模の縮小

第 2 章　不動産を活用した相続税対策　69

　仮に親から10億円の現金を相続した資産家を想定しましょう。その資産家が90歳で他界して60歳の子供に現金を相続し，そして，その子供が30年後に90歳で他界して孫に現金を相続することを考えてみます。三世代の資産運用です。

　10億円の現金の相続には 3 億円の相続税を支払います。資産家の手取りは 7 億円です。その後，資産家が運用を行って 1 億円だけ増やしたとすれば， 8 億円となります。しかし， 8 億円の現金の相続には，相続税 2 億円を支払います。したがって，子供の手取りは 6 億円です。その後，子供が運用して 1 億円だけ増やしたとすれば， 7 億円となります。しかし， 7 億円の現金の相続には，相続税 2 億円を支払います。したがって，孫の手取りは 5 億円です。

　このように，世代間を通じた資産運用を想定すれば，相続税という損失の発生が不可避であることから，個人財産の規模が縮小し続けます。これは相続税制度が設けられている日本特有の現象なのです。

【 2 】　世代を超える賢い運用手法を実践しよう

　ここで，シンプルな資産運用モデルを想定し，資産運用の方法を検討します。単純化するために，「不動産と金融資産が，それぞれ 1 種類の銘柄しかない」という前提を置きましょう。

　現在（2024年）の不動産市況を前提とすれば，標準的な表面利回り（家賃収入）が 5 ％程度で諸経費や減価償却費を差し引くと（NOI ではありません），不動産の利回りは，概ね 2 ％と考えることにしましょう。

　一方，金融商品の利回りは，現在（2024年）の市場で取引される大企業の社債（たとえば，ソフトバンクなど）を想定して，概ね 4 ％と考えることにしましょう。

　つまり，ここでは，不動産よりも金融商品の利回りのほうが 2 ％高いということを想定します。これは，筆者が実務を通じて持っている感覚です。

◆ここでの想定
不動産の利回り → 税引前2％，税引後1.6％
金融商品の利回り → 税引前4％，税引後3.2％

不動産の所得と金融商品の所得には，いずれも所得税等（または法人税等）が課されます。この点，両者に適用される税率は所得水準によって異なることになりますが，単純化するために，いずれも20％と仮定することにしましょう。相続税についても，単純化して，一律50％という前提を置くこととします。

まず，父親が，当初資金として持っている5億円を，金融商品（実質利回り4％）へ投資することを考えます。利子・配当の再投資を続けて20年間運用すると，次のグラフのように11億円まで増えます。売却するとしても，税引前で11億円の現金が手に入ります。元本が2倍以上になりましたから，一見，とても素晴らしい成果に見えます。

図表2-4　5億円を4％の金融商品で運用する

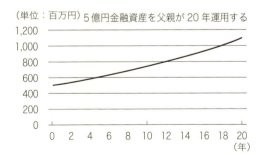

次に，父親が5億円を金融商品（実質利回り4％）へ投資し，利子・配当の

第2章 不動産を活用した相続税対策　71

再投資を続けて20年間運用を行い，**相続を迎えるシナリオを検討します**。これに続いて，相続人である子供が運用を継続し，さらに20年間運用を行います（トータル40年間の運用です）。

父親の世代で11億円まで増やしたのですが，子供の世代では，40年後には**12億円**となります。結果として，プラス1億円しか増えていません。これは，相続の際に相続税として－5.5億円の支出を伴うからです。40年目に現金化したとすれば，最終的な税引前の利回り（IRR）は，2.2％となりました。相続税という大きな支出がありますので，当初の利回り4％を下回る結果となるのでしょう。

図表2-5　5億円の金融資産を親子二世代で運用する

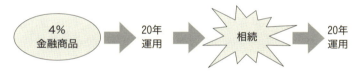

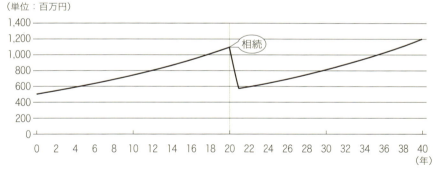

5億円金融資産を父親が20年運用し，相続した子供がさらに20年運用する

一方，父親が，当初資金として持っている5億円を，不動産（利回り2％）へ投資し，所得の再投資を続けて20年間運用すると，次のグラフのように7.4億円まで増えます。「不動産所得を再投資する」という仮定には少々無理がありますが，建物の修繕をひたすら続けて資産価値を落とさないようにするとで

も思ってください。この結果，税引前で7.5億円の現金が手に入ります。金融商品よりも利回りが低いため，それほど儲かっていません（図表2-6）。

次に，父親が5億円を不動産（利回り2％）へ投資し，所得の再投資を続け

図表2-6 ｜ 5億円を2％不動産で運用する

図表2-7 ｜ 5億円の不動産を親子二世代で運用する

て20年間運用を行い、相続を迎えるシナリオを検討します。これに続けて、相続人である子供が運用を継続し、さらに20年間運用を行います（トータル40年間の運用です）。ただし、相続時に課税される評価額は、取得価額の半分まで50％圧縮されるものとします。

父親の世代で7.5億円まで増やしたのですが、子供の世代では40年後に8.5億円となります。結果として、プラス1億円しか増えていません。これは、相続の際に相続税として−1.8億円の支出を伴うからです。40年目に現金化したとすれば、最終的な税引前の利回り（IRR）は、1.3％となりました。相続税という大きな支出がありますので、当初の利回り2％を下回る結果となるのでしょう。

それでは、金融商品と不動産の運用利回りを、単純に比較してみましょう。

図表2-8　不動産と金融商品の親子二世代の運用の比較

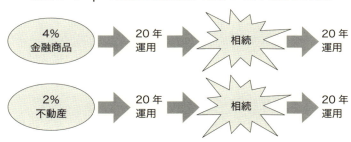

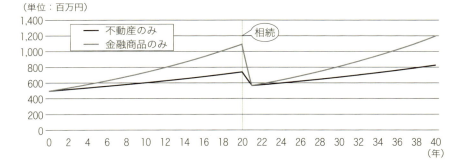

結論は、金融商品は資産を大きく増やすことはできるが、相続時に大きく減らしてしまう、不動産は資産を大きく増やすことはできないが、相続時でもあまり減らさないということです。

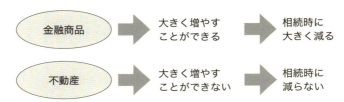

金融商品を販売する証券営業マンが投資信託の利回りの高さをアピールしていることは、「資産を増やす」局面しか見ていないということです。これに対して、不動産を販売するハウスメーカー営業マンが土地活用による相続対策をアピールしていることは、「資産を減らさない」局面しか見ていないということです。いずれも、世代間を通じた運用利回りを見ていません。

わが国の相続財産の構成比を見ますと、有価証券（金融商品）の割合はほとんど変化していません。その一方で、土地の割合が低下し、現金預金の割合が上昇しています。つまり、日本人は、増やすための金融商品を所有せず、また、減らさないための不動産を所有していない状況なのです。これは、世代間を通してみれば、確実にマイナスの運用利回りをもたらします。相続税制度のあるわが国では、最悪の運用であり、現金預金の所有によって運用利回りが著しく低下しているのです。

図表2-9 | 日本人の資産運用の特徴

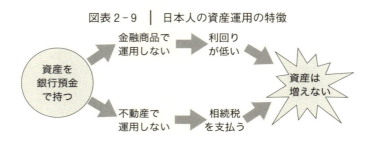

図表2-10 │ 相続財産の金額の構成比の推移

(年分)	現金・預貯金等	土地	有価証券	家屋	その他
H25	26.0	41.5	16.5	5.2	10.8
H26	26.6	41.5	15.3	5.4	11.2
H27	30.7	38.0	14.9	5.3	11.0
H28	31.2	38.0	14.4	5.5	10.9
H29	31.7	36.5	15.2	5.4	11.2
H30	32.3	35.1	16.0	5.3	11.3
R元	33.7	34.4	15.2	5.2	11.5
R2	33.9	34.7	14.8	5.3	11.3
R3	34.0	33.2	16.4	5.1	11.3
R4	34.9	32.3	16.3	5.1	11.4

注：上記の計数は，相続税額のある申告書（修正申告書を除く。）データに基づき作成している。
出所：国税庁「令和4年分　相続税の申告事績の概要」（2023年12月）

【3】 不動産を組み合わせた資産運用

　大手金融機関は，金融資産家に対して有価証券担保ローンを提供します。そこで，金融資産家が不動産投資を行う方法を検討してみましょう。

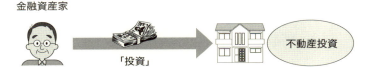

利回り4％で運用できている5億円の金融資産家に対して，掛目70％で3.5億円の有価証券担保ローン（金利1％）を提供し，同額を不動産で運用することを考えます。

1％で調達して2％で運用できれば1％の利ざやを抜くことが可能となります。そうすれば，この金融資産家の期待利回りは，レバレッジ効果が効いて，4.7％となります。

図表2-11 ｜ 不動産投資からの利益

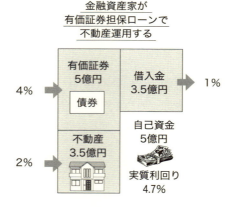

注：利ざや（1％）は再投資して複利運用とします。

図表 2-12 | 金融商品 5 億円＋不動産 3.5 億円＋借入金 −3.5 億円の運用

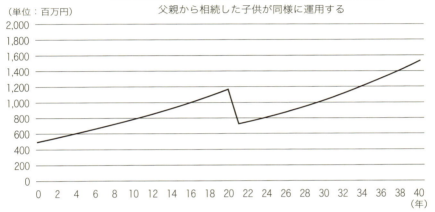

　有価証券担保ローンで3.5億円を調達した場合，スタート時の5億円の資産は，父親の世代で12億円まで増やすことができます。しかし，子供の世代に入って，最終的には15億円までしか増やすことができません。これは，子供に対して相続税の支払い−4億円が生じたからです。40年目に現金化したとすれば，最終的な税引前の利回り（IRR）は，2.8%となりました。

▶ 動画で解説！　ここまでの内容を動画で振り返りましょう。

⑦金融資産に課される相続税

https://www.youtube.com/watch?v=cWzLz9fP66c

Ⅱ　相続税の衝撃から財産を守りなさい

【1】　地主必見！　相続税対策のすべて

　不動産オーナーの方々の多くは，地主であった親から相続した土地の上に建物を建て，賃貸経営を始めています。先祖代々農家の家系であれば，田畑であった土地を相続したものの，農業を続ける気はなく，新たな収入源とするために賃貸アパートを建てようと考えます。

　また，賃貸経営を開始される方々の多くは，土地の相続税対策を目的としています。評価額の高い土地であれば，相続税負担は重くなりますが，納税資金を準備できなければ，土地を売却して現金化しなければなりません。相続税は，地主にとって大きな問題です。

　そこで，ハウスメーカーが，「土地の有効活用による相続対策」といって，賃貸アパートの建築を提案するのです。これによって，土地と建物の相続税負担が軽減され，土地を相続することが可能となっていました。同時に，家賃収入が地主にとっての収入源となっていたのです。

図表 2-13 ｜ 土地の有効活用による相続対策

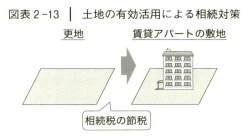

　ハウスメーカーが，「土地の有効活用による相続対策」といって提案する手法は，なぜ節税効果を生むのでしょうか。これには，相続税の計算方法が関係しています。

　地主が，所有する土地の上に，賃貸アパートを建てて入居者を入れると，簡単に土地を売却することはできなくなります。これは，入居者が，借家権と借地権を持つようになるからです。つまり，土地の資産価値の一部が入居者に移転します。その結果，借地権と借家権の価値だけ土地の評価額が引き下げられます。

　借地権は通常60％から70％程度で，借家権は全国一律30％です。そうしますと，借地権70％の場合であれば，21％（＝70％×30％）だけ土地の評価額が下がるのです。このような土地のことを「貸家建付地」といいます。つまり，**賃貸アパートを建てるだけでも，土地に対して2割の節税効果が発生するのです。**

　一方，建物に課される相続税は，その建築費や取得費ではなく，固定資産税評価額を基準として計算します。固定資産税評価額は，建築費や取得費を大きく下回り，それらの50％程度の評価になります。その上，賃貸に出せば，借家権30％が控除されます。そうしますと，建物の評価額は，建築費や取得費の概ね35％程度（＝50％×（1－30％））まで引き下げられます。つまり，**賃貸アパートを建てることによって，建物に対して7割の節税効果が発生するのです。**

　さらに，賃貸アパートを建てている土地は，賃貸経営によって生計を営むために不可欠な財産であるとして，小規模宅地等の特例（貸付事業用宅地）を適

80

用し，200㎡までマイナス50％の評価を引き下げることができます。すなわち，**賃貸経営を開始することによって，土地に対してさらに5割の節税効果がある**のです。

　たとえば，相続税評価額3億円の土地を持っている地主が，相続税対策を検討していたとしましょう。そこに，ハウスメーカーが営業にやってきて，3億円の賃貸アパートの建築を提案しました。

　地主が何もしなければ，相続財産3億円に対して相続税が課されます。しかし，賃貸アパートを建築すれば，相続税がゼロになるというのです。

　評価額3億円の土地の上に賃貸アパートを建築しますと，土地の評価額はマイナス6,300万円（−21％）だけ引き下げられます。それゆえ，土地の評価は2億4千万円に下がります。加えて，小規模宅地等の特例を適用し，さらに評価がマイナス50％引き下げられますから，土地の評価額は約1億2千万円（＝

図表2-14 ｜ 3億円の土地に3億円の建物を建てた場合の節税効果

	現状	アパート建設	借地権と借家権	小規模宅地の特例	対策実施後
土地	相続税評価3億円	―	−6,300万円（借地権70％×借家権30％）	貸付事業用−1億1,850万円（50％）	1億1,850万円約60％の評価引下げ
建物		建築費3億円固定資産税評価額−1億5,000万円	−4,500万円（借家権30％）	―	1億500万円約60％の評価引下げ
銀行借入金		−3億円	―		−3億円評価は変わらず
相続税評価	3億円	−1億5,000万円	−1億800万円	−1億1,850万円	トータルで評価額はマイナス−7,650万円
相続税（30％）	9,000万円				ゼロ

3億円借りて賃貸アパートを建てる

9千万円の節税

約2億4千万円×（1－貸付事業用50％））となるのです。一方で，3億円で建築した建物（アパート）の評価も大きく引き下げられ，約1億円になります。

そうしますと，当初所有していた3億円（土地）の個人財産の評価は，ゼロ円となるのです。これは，土地と建物の評価額よりも，借入金の評価額のほうが大きいため，計算上，債務超過という状況になっているからです（＝土地1億2千万円＋建物1億円－借入金3億円）。相続財産がゼロであれば，課される相続税はゼロです。

このように，地主が賃貸アパートを建てることによって相続税負担が軽減され，親から子供への土地の承継が繰り返されてきたのです。

【2】 相続でこれだけ資産が減る！

規模の大きな土地を先祖代々相続してきた地主であれば，評価の高い不動産を所有することになるため，貯めてきた現金だけでは相続税を納税できないケースが多くあります。たくさんの土地と少ない現金の方々です。

たとえば，東京都23区内にたくさんの土地を持っており，相続財産の合計が5億円であるにもかかわらず，銀行預金が5千万円しかないといったケースを想定しましょう。納税資金が足りません。そのような場合，土地の一部を売却して現金化して相続税を支払うことになります。相続のたびに所有する土地の規模が縮小することになるでしょう。

筆者の感覚としては，10億円規模の土地を持つ資産家であれば，相続の度にその3分の1が税金に消えていくイメージです。それゆえ，生前に相続税対策をしなければ，土地をそのまま子供に継がせることはできないのです。先祖代々引き継いできた土地を維持することは容易ではなく，残念ながら，地主の方々の土地は相続を経ることで縮小していくこととなります。

しかし，地主の方々の多くは，可能なかぎり土地を手放したくないと考えます。そこで，土地の有効活用や生前対策を行うことが必要となるのです。財産評価を引き下げ，小規模宅地等の特例を適用すれば，相続税負担を軽減させる

図表2-15 地主の土地は相続を通じて縮小する

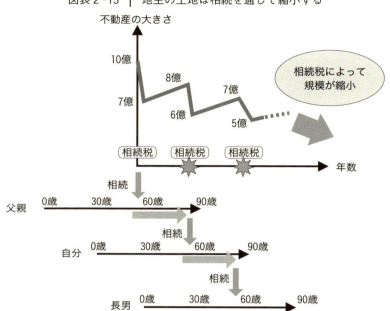

図表2-16 小規模宅地等の特例の適用による相続税負担の軽減

宅地区分	内容	適用面積	減額割合
居住用	自宅の敷地	330㎡	−80%
個人事業用	個人商店，病院，工場などの敷地	400㎡	−80%
同族会社事業用	同族関係者が株式の過半数をもつ同族会社の事業用敷地	400㎡	−80%
不動産貸付用	アパート，駐車場など賃貸中の不動産	200㎡	−50%

ことができるからです。

　不動産に係る相続税対策の基本は，小規模宅地等の特例の適用です。これは，相続された事業用宅地等または居住用宅地等のうち，一定の条件を満たした宅地等について，相続税の課税価格に算入すべき金額を，50％または80％減額するというものです。これによって，自宅や賃貸不動産などの相続において，相続税負担を軽減することができます。

　しかし，小規模宅地等の特例には，適用できる限度面積が設けられており，事業用宅地は400㎡，不動産の貸付事業用宅地は200㎡，居住用宅地は330㎡までが限度です。

　自宅が330㎡を超える広さであるケースはあまりないため，一般的な相続において，自宅に伴う税負担は，－80％減額できることになるでしょう。問題は，賃貸不動産の敷地です。この限度面積が200㎡であるため，これを超えた部分について－50％減額することができず，税負担が重くなります。

【3】　不動産で財産評価を下げる秘訣

　大手金融機関で働く会社員などの高額所得者，開業医師や開業弁護士など大きく稼ぐ個人事業主の方々は，毎年の所得が大きく，その結果として手元現金が蓄積され，多額の銀行預金，有価証券を所有しているはずです。これらの方々は，大手金融機関の上得意客であり，「金融資産家」と呼ばれることがあります。

　このような金融資産家の方々にとっての相続税対策は，やはり不動産投資です。同じ価値のある財産であっても，金融商品と不動産では相続税の掛かり具合が異なります。すなわち，同じ価値であっても，金融商品には重い相続税が課されるのに対して，不動産には軽い相続税しか課されないのです。

　土地を購入して，自ら賃貸アパートを建築してもよいですが，本業で忙しい方々には，慣れない不動産開発を行う時間はありません。すでに完成している中古アパートやマンションを購入することが一般的です。

図表2-17 | 不動産の種類によって節税効果は異なる

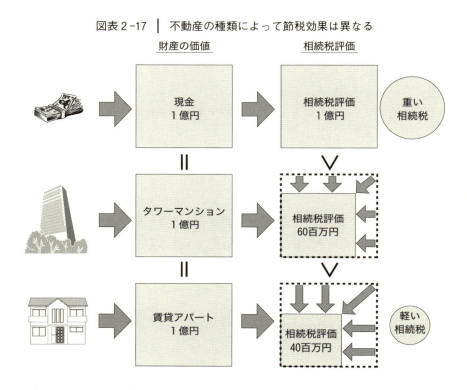

　金額的に大きな節税効果を狙うのであれば，中古アパートやマンションを1棟丸ごと購入してもよいでしょう。しかし，投資対象を一点に集中すると，収益性の低下や震災などの損失を集中的に被るリスクがあります。それゆえ，地理的分散によってリスクを低減させるため，複数の区分所有マンションを購入したほうがよいでしょう。

　個人財産2億円を超える方々は，不動産投資に真剣に取り組まなければいけません。

　既述のように，世代間を越えた運用利回りに最も大きな影響を与えるものは相続税であることがわかりました。相続税負担が，資産運用の成果を悪くさせるのです。そこで，運用利回りを上昇させるために考えるべきことが，**相続税**であり，その手段となるものが**不動産投資**なのです。

第 2 章 不動産を活用した相続税対策　85

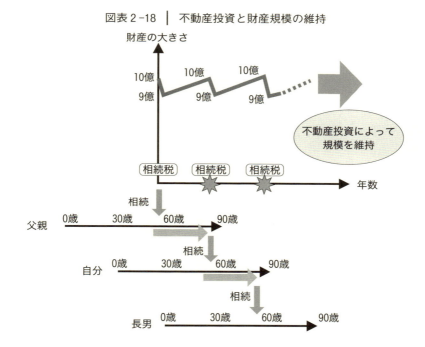

図表 2-18　不動産投資と財産規模の維持

相続のタイミングで財産を減らすことを阻止すれば，個人財産の規模を維持することができます。

相続税対策の相談に来られたお客様に不動産投資を提案しますと，「あぁ，借入金でアパート建てると節税できるとかいう方法ですね，この歳で借金するのは嫌ですねぇ……」という声をよく耳にします。

すでに不動産経営を行っている方々であっても，アパートやマンションを建築するときには数億円単位の資金が必要となるため，銀行借入れを検討する必要があるでしょう。

しかし，必ずしも銀行借入金が必要というわけではありません。自己資金を取り崩して建築費を支払ってても効果は変わりません。つまり，「借金してアパートの節税」という表現は間違いであり，「現金から不動産への組替えで節

税」という表現が正解です。借入金はマイナスの現金ですから，借入れすることで実質的に現金が減っているのです。

　たとえば，図表2-19のように，2億円の現金と3億円の土地を持つ地主がいたとしましょう。大きな土地を所有しながらも放置しているケースです。相続税を節税するために，手元現金の2億円を使って，賃貸アパートを建築します。

　全額自己資金で建築しますと，手元現金がすべて消えてしまいますが，土地と建物の相続税評価が引き下げられるため，正味財産は3億1千万円となり，相続税は1億1千万円に減少します。これに対して，全額借入金で建築したとしても，正味財産は3億1千万円であり，自己資金の場合と変わりません。相続税は1億1千万円に減少し，節税額も同じです。

　つまり，賃貸アパートを自己資金で建てるか，借入金で建てるか，相続税対策の観点からは相違がないということになります。借入金はマイナスの現金ですから，借入れすることで実質的に現金が減っているのです。

　手元現金を使った不動産投資，借入金によって資金調達を行った不動産投資，いずれにせよ相続税負担を軽減させるためには，税金計算の基礎となる相続税評価額を引き下げることが必要です。この点，金融商品では，相続税評価額は資産価値と一致しているため効果がありません。それゆえ，相続税評価額が資産価値よりも低くなる不動産を選択します。つまり，金融商品から不動産への資産組替えが必要となります。

第2章 不動産を活用した相続税対策　87

図表2-19 ｜ 自己資金と銀行借入金の節税効果は同じ

2億円の賃貸アパートを建築しよう		現状	自己資金で賃貸アパート建築	借入金で賃貸アパート建築
金融資産	預金	2億円	ゼロ	2億円
土地	更地 →賃貸アパートの敷地 （借地権70％×借家権30％）	3億円	3億円 評価減－6千万円 2億4千万円	3億円 評価減－6千万円 2億4千万円
建物	建築費 （評価の違い50％） （借家権30％） 固定資産税評価額		2億円 差額－1億 評価減－3千万円 7千万円	2億円 差額－1億 評価減－3千万円 7千万円
銀行借入金			ゼロ	－2億円
正味財産→相続税の課税対象		5億円	3億1千万円	3億1千万円
相続税		－2億円	－1億1千万円 節税額9千万円	－1億1千万円 節税額9千万円

節税効果は同じ

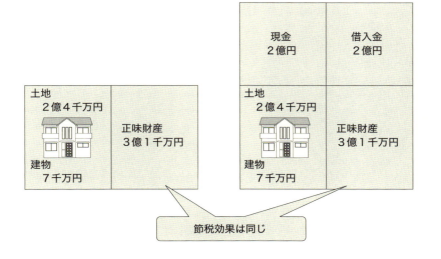

節税効果は同じ

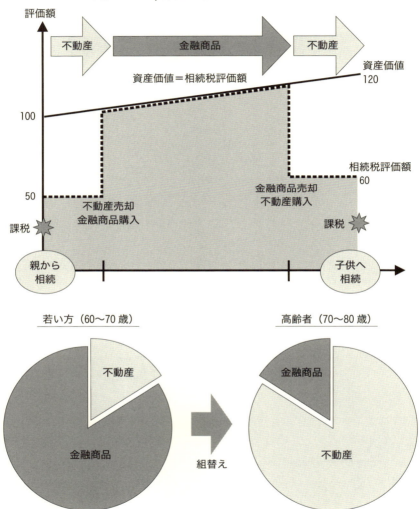

図表 2-20　資産価値と相続税評価額の違い

第2章　不動産を活用した相続税対策　89

【4】　都心のタワーマンション節税

⑴　新しい相続税評価額の計算方法

　近年，富裕層によるタワーマンション節税が大流行しました。これは，区分所有タワーマンションの相続税評価額と実勢価格との差が大きいことに着目した相続税対策であり，六本木ヒルズなど，実勢価格の1割程度まで相続税評価が引下げられるケースが見られました。

　しかし，2024年（令和6年）1月以降の相続と贈与から，その評価額に**実勢価格の60%**という下限が設けられてしまいました。

　相続税法では，相続財産の評価は「時価による」と規定されています。現金や上場株式に比べて土地や建物の評価は難しく，建物は固定資産税評価額を使用，土地は路線価などを使って相続税評価額が計算されます。

　区分所有タワーマンションの相続税評価の最大のポイントは，築年数や階数などに基づく評価額が推測される実勢価格と乖離している割合（＝乖離率）を計算することです。

　この乖離率が1.67倍以上であった場合，実勢価格の60%を相続税評価額として計算します。逆に言いますと，乖離率が1.67倍未満であれば，従来の計算による相続税評価額を使うということです。

【計算の手順】
① 　乖離率の計算
② 　乖離率に応じた相続税評価額の計算
　• 乖離率1.67倍以上であった場合：従来の計算による相続税評価額に乖離率と0.6を掛けた価額で評価
　• 乖離率1.67倍未満であった場合：従来の計算による価額で評価

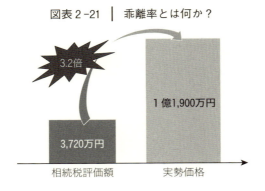

図表2-21 乖離率とは何か？

　ここで乖離率1.67倍以上かどうかの判定が行われます。この乖離率1.67倍というのは，評価水準で言えば，1.67倍の逆数である60％を意味しています。

(2) 乖離率の計算

　区分所有タワーマンションの乖離率は，次の計算式によって計算されます。

- 相続税評価額＝従来の計算による相続税評価額×乖離率×最低評価水準0.6
- 乖離率＝（築年数×△0.033）＋（総階数指数×0.239）＋（所在階×0.018）＋（敷地持分狭小度×△1.195）＋3.220
- 総階数指数＝総階数÷33（ただし1.0が上限）
- 敷地持分狭小度＝敷地利用権の面積（マンション全体の敷地面積×持分割合）÷建物の専有面積

　これは，築年数×マイナス0.033，総階数指数×0.239，所在階×0.018，敷地持分狭小度×マイナス1.195の総合計額に3.22を加算したものとなります。

　総階数指数というのは，マンションの総階数を33で割ったもので，1.0が上限となります。また，敷地持分狭小度は，マンション全体の敷地面積に，持分

割合を掛けて「敷地利用権の面積」を算出し、これを建物の「専有面積」で割ったものです。

なぜこのような難しい計算を行うのかと言いますと、これは実勢価格を推測するためです。相続財産となった区分所有タワーマンションは、売買の対象となっているわけではないため、正確な実勢価格がわかりません。それゆえ、統計データに基づいて推測するのです。

図表2-22 | 実勢価格の推定

乖離率
＝ (築年数×△0.033) + (総階数指数×0.239) + (所在階×0.018)
　+ (敷地持分狭小度×△1.195) +3.220

この計算式によれば、築年数が浅いとき、マンション全体が高層であるとき、所有階が高層であるとき、敷地持分狭小度が小さいときに、乖離率が大きくなります。つまり、総戸数の多い超高層マンションであれば、乖離率は1.67以上になる可能性が高いことを意味します。

(3) 相続税評価額の計算例

ここで、築年数3年、総階数29階、所在階10階、持分狭小度0.147であり、従来の相続税評価額が2,600万円であった区分所有タワーマンションの評価を行ってみましょう。まずは乖離率を算出し、実勢価格を推測します。

- 乖離率
  = (3年 × △0.033) + ((29階 ÷ 33) × 0.239) + (10階 × 0.018) + (0.147 × △1.195) + 3.220
  = △0.099 + 0.21 + 0.18 + △0.175 + 3.220
  = 3.336

乖離率3.336ですから，実勢価格は8,673万円（＝2,600万円×3.336）と推測されます。

次に，乖離率に応じた相続税評価額の計算です。乖離率3.336は1.67以上と判定されますから，従来の相続税評価額×乖離率×0.6の計算式が適用されます。すなわち，2,600万円×3.336×0.6で，5,200万円となります。

- 乖離率に応じた相続税評価額の計算（乖離率1.67以上）
  2,600万円×3.336×0.6＝5,200万円

これは，区分所有タワーマンションを8,673万円で購入すると，相続税評価額が5,200万円となり，評価額が60％の水準になること，言い換えますと，評価が40％引下げられることを意味しています。極端に大きな節税効果はなくなりましたが，現在でも十分な節税効果を享受できると言えます。

⑷　タワマン節税のために購入すべき物件

　タワーマンション節税を行おうとする場合，東京都23区内で投資することが最適であると考えられます。品川駅や高輪ゲートウェイ駅付近の新しいリニアモーターカーの駅や，渋谷駅周辺の再開発エリアなど，東京は常に発展しています。外国人居住者や大企業の本社が多く，求人も豊富で，日本で一番人やお金が集まる場所です。2030年まで人口が増加します。東京の不動産価格は下が

りにくいと考えられます。

しかし，東京では大地震の発生リスクが高いと言われています。この点，1981年以降に建てられた新耐震基準の建物は，東日本大震災でも一棟も損壊しませんでした。地震による損害の多くは，木造家屋の火災です。耐火性の高いコンクリート造のタワーマンションを取得しておけば，地震リスクを心配する必要はないでしょう。

地域の選択については，富裕層から人気のエリアが推奨されます。特に港区の青山・赤坂・麻布・六本木などの物件が最適です。この地域に多数あるタワーマンションの中古価格は，分譲後20年を経過しても新築価格を下回っていません。

その一方で，大阪・名古屋などの地方も検討されることがありますが，東京

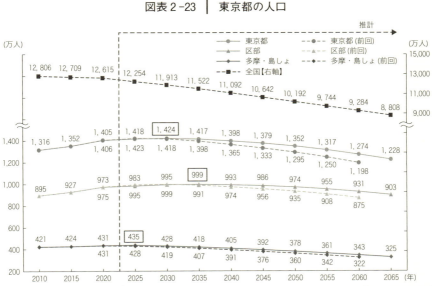

図表2-23 ｜ 東京都の人口

出所：東京都政策企画局「東京都（区部，多摩・島しょ）の総人口の推計」『「未来の東京」戦略附属資料／東京の将来人口』（2023年1月）

都は異なり，人口が減少しています。家賃や価格が下落するリスクが高いと言えるでしょう。確実に相続税対策を行うためには，大きなリスクは避けたいところです。東京23区内以外の地域での投資は推奨できません。

▶ 動画で解説！　ここまでの内容を動画で振り返りましょう。

⑧新しいタワーマンション節税

https://www.youtube.com/watch?v=YChKYQZ9w4c

【5】 評価引下げと生前贈与
(1) 不動産小口化商品による評価引下げ

　区分所有マンションは，一棟マンションや一棟アパートと異なり，遺産分割対策に活用することができました。比較的低い価格で，複数物件を購入することができるからです。適切な投資用物件を見つけることも難しくありません。しかし，区分所有マンションの場合，相続税評価額の引下げに制限があり，最大で40％までしか引下げることができません。

　それゆえ，区分所有マンションと同様の低価格，またはそれより安く購入することができる不動産として，小口化商品を検討することになります。これは，不動産特定共同事業法（略して「不特法」と呼びます）に基づき，任意組合を通じて一棟マンションを所有し，その出資持分が小口化された商品です。一口100万円単位程度から購入することができます。

任意組合は，個人など出資者，不動産を管理・運用する事業者で構成し，全員が組合契約を結びます。出資者は出資額に応じて共有持分を取得します。事業者は，商業ビルや賃貸マンションを管理・運用し，運用期間が終了すれば物件を売却します。

小口化商品であれば，タワマンのように40％までという制限がなく，相続税評価額を大きく引下げることが可能です。80％程度まで評価が引下げられる商品が販売されています。

ただし，表面利回りは2％から3％，必要経費を控除した実質利回りはゼロ％程度となっており，投資して儲かる商品ではありません。これは，資産運用を目的とするものではなく，相続税の節税を目的とするものなのです。

図表2-24 相続財産の圧縮効果のイメージ

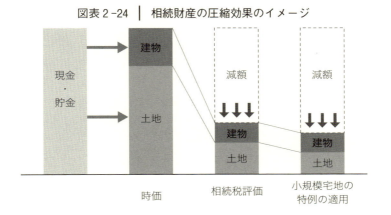

図表 2-25　不動産小口化商品の仕組みイメージ

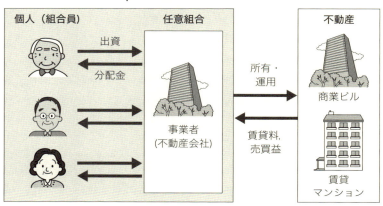

ちなみに、似たような商品として、不動産投資信託（REIT）がありますが、REIT を買っても、相続税の節税効果を得ることはできません。REIT の相続税評価額は、証券市場での時価とされており、不動産そのものの相続税評価額ではないからです。

図表 2-26　任意組合型不動産小口化商品の特徴

	不動産小口化商品	不動産	不動産投資信託（REIT）
購入金額	1口500万円程度〜（最低購入単位あり）	数千万円〜	1口1万円程度〜
換金方法	相対取引		市場で売却
相続・贈与時の評価額	相続税評価額		市場価格
遺産分割	分けやすい	分けにくい	分けやすい
所得分類	不動産所得、譲渡所得		配当所得、譲渡所得
価格、分配金	市況などで変動		

第2章　不動産を活用した相続税対策　97

　不動産小口化商品の注意点は，運用期間の途中で持分を換金することができないことです。また，運用期間の終了時に物件の売却損が発生すると，出資持分が元本割れする可能性があります。

　さらに，損失が生じても，通常の不動産所得と違って，給与所得などと相殺することはできません。任意組合型の小口化商品の分配金は，賃料が財源となるために，受け取った人の「不動産所得」となりますが，これがマイナスになっても，損益通算できないのです。

(2)　相続時精算課税による贈与

　賃貸不動産のような収益性がある財産の場合，相続時精算課税の2,500万円の特別控除を使って生前に贈与することにより，賃料は受贈者（子や孫）が得ることになります。相続時精算課税というのは，贈与した時点の課税を，将来相続が発生するときまで先延ばしにする制度です。先延ばしにした分は，将来の相続税の計算に反映されます。贈与財産が毎年110万円の非課税枠を超えた部分について，累計2,500万円まで税金は課されず，それを超えた部分について20％の税金を前払いさせられます。

　贈与者（親や祖父母）は賃貸不動産を手放すことになり，賃料を得られなくなりますが，これによって現預金の増加を抑制することができます。増える現預金が相続財産に含まれず，子や孫の手元に直接入るようにすることで，相続税負担を軽減させることができます。

　ただし，土地を贈与する場合には注意が必要です。相続時精算課税によって土地を贈与してしまうと，相続財産となった土地の評価額を50％から80％減らす「小規模宅地等の特例」が使えなくなるからです。

▶ **動画で解説！** ここまでの内容を動画で振り返りましょう。

⑨不動産小口化商品による節税

https://www.youtube.com/watch?v=UjVCqcUjbq8

第 3 章
事業承継を成功に導く相続税対策

 「株特外し」で評価を引き下げる

【1】 富裕層が活用する持株会社設立

　事業承継には，先代経営者から後継者への株式の承継が伴います。贈与であれ相続であれ，承継される時点における株式評価額に対して税金が課されます。そこで，株式の評価引下げによる節税スキームを検討することになりますが，ウェルスマネジメント部門やプライベートバンキング部門を持つ銀行や証券会社の営業担当者が，**富裕層のお客様に対して積極的に提案する節税スキームが，持株会社設立と「株特外し」です。**

　経営者は，自分の経営する事業会社の株式を所有していますが，業績好調で事業規模が拡大するにつれて，その株式の相続税評価が高くなっていきます。その際，事業会社の株式を持つ持株会社を新たに作ることが効果的です。

　これによって，含み益に対する法人税等相当額（37％）の控除を行い，評価額の上昇を抑えることができるからです。また，類似業種比準価額を適用することにより，事業からの影響を抑えるようにすることも可能となるからです。

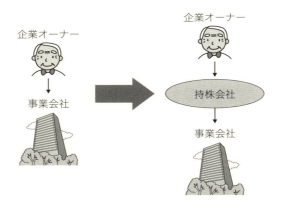

　ただし，持株会社の総資産のうち，半分以上が株式（ここでは事業会社の発行する株式＝子会社株式）となってしまうと，その株式の相続税評価が下がらず，結果的に持株会社の株式の評価額が下がらなくなるという特別なルールがあります。このような状態の持株会社のことを，株式保有特定会社，略して「カブトク」といいます。

　そこで，持株会社は，株式以外の資産を新たに取得することで，株式保有特定会社に該当しない状態を作ろうとします。これが「カブトク」を外すという意味で，「株特外し」と呼ばれる節税スキームです。

　ここで取得すべき資産には複数の選択肢がありますが，不動産が一般的でしょう。区分所有マンションでもいいですし，商業ビル1棟でもいいでしょう。また，数十億円規模の資産が必要であれば，船舶や航空機などがよいでしょう。航空機は1機丸ごと取得してもいいですし，匿名組合出資の持分を取得してもいいでしょう。

　事業会社が安定的に利益を稼いでいることを前提に，銀行が「株特外し」のための不動産や航空機の購入資金を融資してくれます。

図表3-1 | 銀行借入れで航空機を購入する株特外し

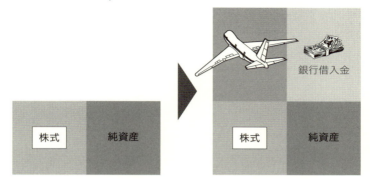

　また，投資信託や外国債券などの金融資産であっても，類似業種比準価額を適用できるのであれば「株特外し」の効果があります。これらの金融商品は，販売する金融機関に手数料収益をもたらします。銀行や証券会社の営業担当者が好んでお客様に提案しているようです。
　「株特外し」のための融資は，有価証券担保ローンとなるため，大手金融機関では，子会社の証券会社を活用した特別なスキームが組まれます。

図表3-2 | 銀行借入れで金融商品を購入する株特外し

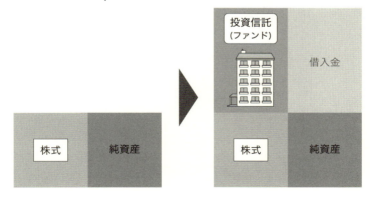

さらに、終身保険などの生命保険であっても、類似業種比準価額を適用できるのであれば「株特外し」の効果があります。終身保険であれば、支払った保険料の全額が保険積立金という資産として積み上がっていきます。金融資産と同じような効果が得られるのです。これも販売する金融機関に手数料収益をもたらします。

図表3-3 ｜ 資産計上できる生命保険契約による株特外し

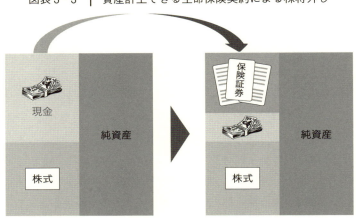

　ただし、「株特外し」の実行には税務リスクを伴います。節税だけを目的とし、合理的な理由がなく「株特外し」を行った場合、「株特外し」による評価引下げの効果が認められないことがあるからです。特に、贈与や相続の直前に、「株特外し」を行うと危険です。株式以外の資産を取得しようとするときは、資産運用やリスク管理など、その資産を取得する合理的な理由、経済的なメリットを考えておく必要があります。

第3章　事業承継を成功に導く相続税対策　103

▶ 動画で解説！　ここまでの内容を動画で振り返りましょう。

⑩「株特外し」による節税手法

https://www.youtube.com/watch?v=_lW6n4VpZQg

【2】　基本となる相続時精算課税の贈与を理解しよう

2024年に相続税法が改正され、相続時精算課税が使いやすくなりました。非課税枠として年110万円の基礎控除が新設されたことが、大きな節税効果を生みます。

持株会社を設立し、株特外しを行ったのであれば、事業会社から退職金を支

図表3-4　｜　相続時精算課税のイメージ（再掲）

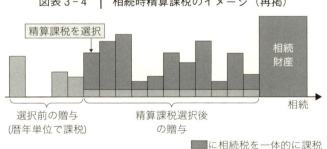

払ったタイミングにおいて株式の評価額が大きく引下げられます。そのタイミングを狙って，一気に贈与するのです。相続時精算課税を適用すれば，2,500万円を超える部分に20％の税負担が生じますが，将来の相続税負担を軽減できる可能性があります。

　相続時精算課税というのは，贈与した時点の課税を，将来相続が発生するときまで先延ばしにする制度です。先延ばしにした分は，将来の相続税の計算に反映されます。生前には110万円を超えた部分について累計2,500万円まで税金は課されず，それを超えた部分に，前払いとして20％の税金が課されます。

　相続時精算課税のメリットは，贈与財産を相続財産に加算するときに，相続時の価格ではなく，贈与時の価格で加算することができることです。どれだけ値上がりしていても関係ないということです。

　これを利用し，評価額の上昇が期待できる非上場株式を早めに贈与しておけば，相続税負担を軽減することができます。

図表3-5 ｜ 贈与の非課税枠と相緑発生時の贈与財産の扱い

課税方法	非課税枠	贈与財産の扱い
相続時精算課税	計2,500万円（特別控除）➡	すべて相続財産に加算
	年110万円（基礎控除）➡	加算せず
暦年課税	年110万円（基礎控除）➡	相続開始日に応じ加算
	【開始日】 ・2024/1/1～26/12/31 ・2027/1/1～30/12/31 ・2031/1/1～	【対象期間】 ・開始前3年間 ・2024/1/1～開始日 ・開始前7年間

　2023年以前は，110万円の非課税枠が相続時精算課税になかったことから，暦年課税のほうが有利になるケースがありました。しかし，2024年からは，相続時精算課税でも110万円の非課税枠を使えるようになったことから，どちらを選択しても節税効果は同じです。

第3章　事業承継を成功に導く相続税対策　　*105*

　ただし，相続時精算課税には，暦年課税のように，将来の相続財産を減らす効果はありません。相続発生時に贈与財産が相続財産に加算されることになり，結果的に相続税が課されるからです。

【3】　銀行が富裕層に提案する「銀行スキーム」とは？

　親族内での株式の承継といえば，贈与が基本となりますが，銀行から提案されるスキーム，すなわち，**後継者へ株式を有償で譲渡するスキーム**が使われることがあります。

　具体的には，後継者が法人を設立し，そこに対して銀行が株式買取り資金を融資する方法が用いられます。これによって，後継者は持株会社を通じて事業会社を支配する構造ができ上がります。

図表3-6　│　有償譲渡による株式承継

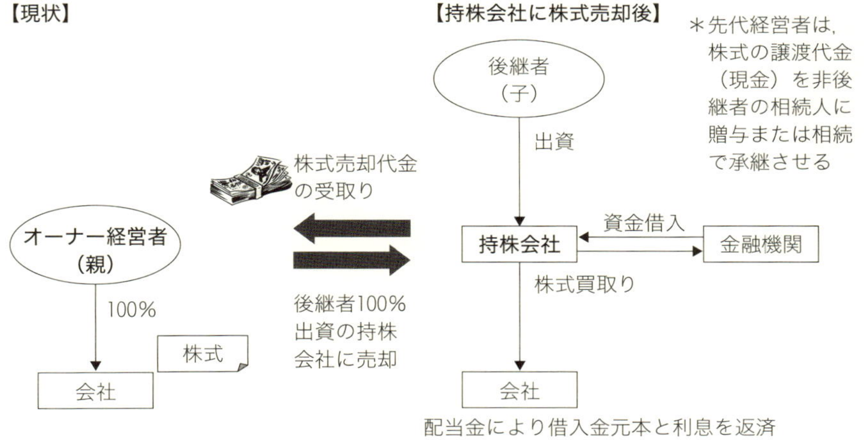

【現状】　　　　　　　　　　　　　　　【持株会社に株式売却後】　＊先代経営者は，
　　　　　　　　　　　　　　　　　　　　　　　　　　　　　　　株式の譲渡代金
　　　　　　　　　　　　　　　　　　後継者　　　　　　　　　　（現金）を非後
　　　　　　　　　　　　　　　　　　（子）　　　　　　　　　　継者の相続人に
　　　　　　　　　　　　　　　　　　　　　　　　　　　　　　　贈与または相続
　　　　　　　　　　　　　　　　　　出資　　　　　　　　　　　で承継させる
　　　　　　　　　株式売却代金
　　　　　　　　　の受取り
　　　　　　　　　　　　　　　　　　持株会社　←資金借入→　金融機関
オーナー経営者　←　　　　　　　　　　　
（親）　　　　　→　　　　　　　　株式買取り
　　　　　　　後継者100%
　100%　　　　出資の持株
　　　　　　　会社に売却
　　　株式　　　　　　　　　　　　会社
会社

配当金により借入金元本と利息を返済

　この方法のメリットは，有償での譲渡で株式を承継させることから，後継者が他の相続人から遺留分を主張されるおそれがなくなり，後継者の支配権が安定することです。また，先代経営者が多額の現金を対価として受け取ることから，相続時の遺産分割を容易にすることができます。

後継者への株式の有償譲渡は，融資の機会を獲得したいと考える銀行が積極的に提案するスキームです。このスキームは，銀行にとって大きなビジネスチャンスとなります。優良企業に対して多額の融資を実行するとともに，多額の代金を受け取った先代経営者に金融商品を販売することができるからです。

しかし，銀行からの融資によって買取り資金を調達しますと，借入金の元利返済の負担が重くなり，事業そのものの資金繰りを悪化させることになります。また，株式譲渡の際に，先代経営者に譲渡所得が発生し，所得税等として20.315％が課されてしまいます。さらに，譲渡代金を受け取った先代経営者の個人財産が減らないため，相続税を軽減させる効果がありません。

なお，このスキームで採用する株式の譲渡価額は，法人税法・所得税法上の評価額となるため，相続税評価額よりも高くなる可能性があります。これは，純資産価額0.5と類似業種比準価額0.5の折衷方式（小会社方式）となることに加えて，純資産価額の計算における土地と上場株式が時価で評価されるからです。

中小企業庁【事業承継ガイドライン（第3版）】より抜粋

　近年，事業承継に際して持株会社を利用したスキームが用いられる事例が多くなってきている。

　このスキームは，後継者が株主となる持株会社を設立し，事業会社からの配当による返済を前提として金融機関から融資を受け，この資金によって現経営者から株式を買い取るといった手法である。この場合，持株会社が事業会社の株主となり，現経営者のもとには株式売却の対価として現金が残ることとなる。

　同スキームを活用すると，先代経営者が死亡した際には株式ではなく現金で相続されるため，遺産分割対策として，株式の分散を防止できると

いったメリットがあると言われている。

　一方，現経営者が株式を持株会社に譲渡する際，譲渡所得税等の課税を受ける可能性があり，さらに，譲渡所得税等を差し引いた現金について後継者への相続時に相続税の課税を受けることになるため，持株会社スキームでは相続税の軽減効果は期待できないとの指摘がある。また，事業会社から持株会社への配当を金融機関への返済原資に充てることを前提としているため，事業会社の業績悪化等により分配可能額が必要な配当額を割り込んだ場合，返済が滞ってしまうリスクがあることにも留意すべきである。

　また近時は，必ずしも当事者の個別の状況に適さない持株会社スキームが利用された結果，後日資金繰りに問題が発生する，課税上疑義があるといった事例が報告されている。当然，持株会社を活用した事業承継が一般的に問題であるということではないが，同スキームに内在するリスクに留意の上，弁護士，税理士等の士業等専門家への相談等を通じて真に当事者にとって有益な手法を選択すべきである。

▶ 動画で解説！　ここまでの内容を動画で振り返りましょう。

⑪相続時精算課税による贈与

https://www.youtube.com/watch?v=11sAL1qjwOk

Ⅱ 事業承継税制で税負担を大きく軽減できる

【1】 法人版事業承継税制は節税効果大

　会社（法人）で運営する事業の承継には，非上場株式の贈与または相続が必要です。これに伴う税負担を軽減する方法として，法人版事業承継税制があります。贈与税と相続税の納税猶予制度です。

　先代経営者が，若くして他界するなど，突然の事業承継を迫られるときに相続税の納税猶予制度を適用するケースもありますが，通常の事業承継では，経営者が交代するときに贈与税の納税猶予制度を適用することになります。

　非上場株式についての贈与税の納税猶予制度とは，中小企業経営承継円滑化法に基づき，都道府県知事の認定を受けた会社（要件あり）の代表権を有していた先代経営者（要件あり）が，後継者（要件あり）に，会社の非上場株式の全部または一定以上の贈与を行った場合，**発行済議決権株式の100％（特例措置）**について，先代経営者の死亡日まで，**課税価格の100％に対する納税が猶予される**というものです。これは，議決権株式の分散を防止して，安定的な経営の継続を図ることを目的とされています。

　申告後も引き続き特例の要件を満たした場合，5年間（経営承継期間）は毎年，5年経過後は3年毎に「継続届出書」を提出することによって納税猶予が継続することとなります。

　しかし，申告後において，**雇用確保要件**（5年間平均で贈与時の雇用の8割を確保）を維持できなかった場合（特例措置では緩和），5年以内に後継者が代表から退任した場合，次の事業承継までに株式を1株でも譲渡した場合，納税猶予されている贈与税の全部または一部について利子税と合わせて納付することになります。

　贈与税の納税猶予制度の適用を受けた場合，先代経営者が死亡したときは，

第3章 事業承継を成功に導く相続税対策　109

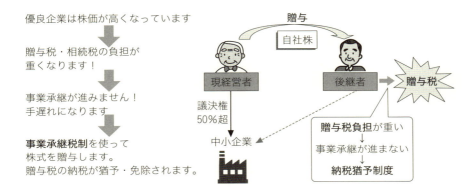

　猶予された贈与税が免除されますが，その代わり，贈与された株式の贈与時の評価額が相続財産に加算され，結果として相続税が課されることとなります（遺産として被相続人が所有しているわけではなく，すでに後継者へ贈与されています）。

　この際，先代経営者が死亡したとき，納税猶予制度の要件を満たす場合には，新たに相続税の納税猶予制度の適用へと移行することとなります。すなわち，先代経営者（要件あり）が死亡した場合，後継者（要件あり）に贈与された非上場株式のうち，**発行済議決権株式の100％（特例措置）**について，次の事業承継まで，**課税価格の100％（特例措置）**に対する納税が猶予されることになるのです。

　特例措置は，事業承継税制（一般措置）の特例であり，2018年1月1日から2027年12月31日までの10年間で，2018年4月1日から2026年3月31日までに**特例承継計画書の認定を受けた特例認定承継会社**について適用されます。

110

図表 3-7 ｜ 事業承継税制（特例措置）の概要

納税猶予を受けるためには，「都道府県知事の認定」，「税務署への申告」の手続きが必要となります。

(1) 贈与税の納税猶予についての手続き

提出先　●提出先は「主たる事務所の所在地を管轄する都道府県庁」です。

都道府県庁	特例承継計画の策定　確認申請	●会社が作成し，認定経営革新等支援機関（商工会，商工会議所，金融機関，税理士等）が所見を記載。
	贈与	●2026年3月31日まで提出可能です。 ※株式等の贈与後に特例承継計画を作成することも可能です。その場合は，都道府県知事への認定申請時までに作成してください。
	認定申請	●贈与年の10月15日〜翌年1月15日までに申請。 ●特例承継計画を添付。
税務署	税務署へ申告	●認定書の写しとともに，贈与税の申告書等を提出。 ●相続時精算課税制度の適用を受ける場合には，その旨を明記。

都道府県庁	申告期限後5年間	●都道府県庁へ「年次報告書」を提出（年1回）。 ●税務署へ「継続届出書」を提出（年1回）。
税務署	5年経過後実績報告	●雇用が5年平均8割を下回った場合には，満たせなかった理由を記載し，認定経営革新等支援機関が確認。その理由が，経営状況の悪化である場合等には認定経営革新等支援機関から指導・助言を受ける。
	6年目以降	●税務署へ「継続届出書」を提出（3年に1回）。

認定支援機関とは，中小企業が安心して経営相談等が受けられるために専門知識や実務経験が一定レベル以上の者に対し，国が認定する公的な支援機関です。具体的には，商工会や商工会議所などの中小企業支援者のほか，金融機関，税理士，公認会計士，弁護士等が主な認定支援機関として認定されています。

第3章　事業承継を成功に導く相続税対策　*111*

（2）相続税の納税猶予についての手続き

| 提出先 | ●提出先は「主たる事務所の所在地を管轄する都道府県庁」です。 |

都道府県庁

特例承継計画の策定　確認申請
●会社が作成し，認定経営革新等支援機関（商工会，商工会議所，金融機関，税理士等）が所見を記載。

相続又は遺贈
●2026年3月31日まで提出可能です。
※株式等の相続後に特例承継計画を作成することも可能です。その場合は，都道府県知事への認定申請時までに作成してください。

認定申請
●相続の開始の日の翌日から8か月以内に申請（相続の開始の日の翌日から5か月を経過する日以後の期間に限ります）。
●特例承継計画を添付。

税務署

税務署へ申告
●認定書の写しとともに，相続税の申告書等を提出。

税務署・都道府県庁

申告期限後5年間
●都道府県庁へ「年次報告書」を提出（年1回）。
●税務署へ「継続届出書」を提出（年1回）。

5年経過後実績報告
●雇用が5年平均8割を下回った場合には，満たせなかった理由を記載し，認定経営革新等支援機関が確認。その理由が，経営状況の悪化である場合等には認定経営革新等支援機関から指導・助言を受ける。

6年目以降
●税務署へ「継続届出書」を提出（3年に1回）。

ここで，一般措置が併存していることに注意が必要です。ゆえに，すでに一般措置を適用した会社は特例措置を適用することはできません。また，10年後に特例措置が廃止されて，一般措置に一本化される可能性があります。

贈与税の納税猶予制度の適用対象となる**会社の要件**は，以下のとおりです（会社に限定されます）。

1．中小企業であること

	資本金　または　従業員数	
製造業・建設業・運輸業その他（下記以外）	3億円以下	300人以下
ゴム製品製造業（自動車または航空機用タイヤおよびチューブ製造ならびに工業用ベルト製造業を除きます）		900人以下
卸売業	1億円以下	100人以下
小売業	5,000万円以下	50人以下
サービス業（下記以外）		100人以下
ソフトウエア・情報処理サービス業	3億円以下	300人以下
旅館業	5,000万円以下	200人以下

2．上場会社，風俗営業会社に該当しないこと
3．**資産保有型会社等でないこと**

資産保有型会社とは，自ら使用していない不動産（賃貸用・販売用）・有価証券・現金預金等（特定資産）が70％以上ある会社をいい，資産運用型会社とは，これらの特定資産の運用収入が75％以上の会社をいいます。ただし，**一定の事業実態がある場合**には，資産保有型会社等に該当しないものとみなされます。

第3章　事業承継を成功に導く相続税対策　*113*

【一定の事業実態とは】
① 商品の販売，貸付け等を3年以上行っていること（同族関係者などへの貸付
　は除きます）
② 後継者と生計同一の親族以外の常時使用従業員が5人以上いること
③ 後継者と生計同一の親族以外の常時使用従業員が勤務している事務所，店舗，
　工場等を所有または賃貸していること

　贈与税の納税猶予制度の適用対象となる**先代経営者（贈与者）**の要件は，以
下のとおりです。

【先代経営者（贈与者）】
1．会社代表者であったこと，**先代経営者以外からの贈与が可能**
2．贈与時までに，代表者を退任すること（有給役員で残ることは可能）
3．贈与の直前において，先代経営者と同族関係者（親族等）で発行済議決権
　株式総数の50％超の株式を保有し，かつ，同族内（後継者を除く）で筆頭株
　主であったこと，**先代経営者以外からの贈与が可能**
4．**株式を一括して贈与すること**

　贈与税の納税猶予制度の適用対象となる**後継者（受贈者）**の要件は，以下の
とおりです。

【後継者（受贈者）】
1．会社の代表者であること
2．20歳以上，かつ**役員就任から3年以上経過している**こと
3．贈与後，後継者と同族関係者（親族等）で発行済議決権株式総数の50％超
　の株式を保有し，かつ，同族内で筆頭株主となること，**最大3名の後継者が**
　可能。

【2】　個人版事業承継税制を知らないと損

　個人事業主による事業承継をしやすくするため，個人版事業承継税制が創設されました。子供など後継者が事業を引き継ぐ際に土地や建物にかかる贈与税などの支払いを猶予する優遇制度です。

　税負担の大きさが問題となるほど大きな固定資産を所有する個人事業主が，廃業の危機に瀕しているとは到底思えませんので，この制度は開業医など富裕層の節税手段となることが期待されます。

　「70歳を超える個人事業主は2025年までに約150万人！　後継者不在で廃業する中小企業を防ぐ！　事業承継税制が必要！」と叫ばれていますが，廃業の危機に瀕する個人事業主のほとんどは，個人財産の大きさが相続税の基礎控除を下回っており，税金の問題とは無関係です。

　筆者が支援する地方の小売店や町工場の資産承継については，土地は小規模宅地等特例（特定事業用資産）の適用で相続税ゼロですし，建物の評価額も1,000万円に満たないものですから，相続時精算課税を適用してこちらも相続税ゼロです。また，什器備品，営業用車両の贈与を行うケースはほとんどなく，後継者が曖昧に共有していれば，そのうち壊れて消えてしまいます。

　中小零細の個人事業主が，贈与税・相続税の問題で廃業するケースなど皆無なのです。それゆえ，この事業承継税制は，法人版も含めて，大規模な資産を所有し，大きな相続税負担の軽減を図りたい資産家の方々の節税手段として活用すべきものということになりそうです。

　認定受贈者（18歳以上である者に限る。）が，平成31(2019)年1月1日から令和10(2028)年12月31日までの間に，贈与により特定事業用資産を取得し，事業を継続していく場合には，担保の提供を条件に，その認定受贈者が納付すべき贈与税額のうち，贈与により取得した**特定事業用資産の課税価格に対応する贈与税の納税を猶予する**。

注：下線部は筆者による

第3章　事業承継を成功に導く相続税対策　*115*

　基本的に法人版事業承継税制と同じ手続きを行うことになると考えてください。すなわち，今後5年間に特例承継計画を都道府県庁に提出し，10年間で贈与または相続を行うという手続きです。

　法人版事業承継税制の期限が2027年12月31日まででしたが，個人版事業承継税制の期限が2028年12月31日までとなっていますので，期限は1年ずれています。承継計画の提出期限も1年先になっています。特例承継計画は，補助金申請時に書くような「5年間の事業計画」を書くようになっています。

　「特定事業用資産」を贈与した場合の納税が猶予されることになります。

　「特定事業用資産」とは，被相続人（→贈与者）の事業（不動産貸付事業等を除く。以下同じ。）の用に供されていた**土地**（面積400㎡までの部分に限る。），**建物**（床面積800㎡までの部分に限る。）**及び建物以外の減価償却資産**（固定資産税または営業用として自動車税若しくは軽自動車税の課税対象となっているものその他これらに準ずるものに限る。）で青色申告書に添付される貸借対照表に計上されているものをいう。

　「特定事業用資産」として制度の適用対象は以下の資産となりました。

・土地（面積400㎡まで）
・建物（床面積800㎡まで）
・機械設備や什器備品（償却資産税の対象，青色申告）
・車両（自動車税等の対象，青色申告）

　細かい点ですが，「貸借対照表に計上されているもの」という要件がありますので，青色申告で貸借対照表を作成しているとしても，事業用資産を勝手に簿外処理していると制度を適用できません。
　ちなみに，**不動産賃貸業が除外されています**。つまり，アパート・マンションの賃貸経営を行っている個人事業主は，適用対象とはならないということです。アパート・マンションの賃貸経営であっても親族外従業員を5人以上3年間雇用していると適用することができる法人版事業承継税制とは，この点が異なっています。
　親族外であっても，相続時精算課税の適用を受けることができるとされています。しかし，親族外の人に相続時精算課税を適用しますと，贈与者が死んだときの作成する相続税申告書は，親族外の受贈者に見られることになりますので，他人に個人の相続財産すべてを開示しなければなりません。これがボトルネックとなりそうです。
　贈与税の納税猶予制度から相続税の納税猶予制度への移行手続き，猶予取消しの要件などは法人版事業承継税制と同様です。

第3章 事業承継を成功に導く相続税対策　117

▶動画で解説！　ここまでの内容を動画で振り返りましょう。

⑫ジャニーズ事務所で使われた事業承継税制

https://www.youtube.com/watch?v=2iVil5E7gEA

Ⅲ　銀行のお得意様　上場企業オーナーはどのように税負担を減らしているか？

【1】　MBOのために非上場化した事例

　大正製薬ホールディングスは，MBO（Management Buy Out＝マネジメント・バイアウト）によって非上場会社となりました。創業家の資産管理会社である大手門株式会社が大正製薬ホールディングス株式に対するTOB（Take Over Bid＝株式公開買付）を行ったのです。これにより，大正製薬は大手門株式会社の100％子会社となり，上場廃止とされました。

　今回のMBOにより上原茂氏が8代目社長に就任しました。この結果，創業家一族の支配体制が強化されることになったのです。

　大正製薬ホールディングスのMBOは，上原家にとって支配権の強化だけでなく，相続税対策が目的であった可能性があります。MBOで相続税が大幅に軽減されるからです。

　株式の相続税評価額は，上場か非上場かで計算方法が異なり，非上場の場合は評価額が低く，相続税負担が軽くなります。また，MBOによって抱えた多額の借入金によって，株式の評価額が下げられ，相続税負担を軽減することに

なります。このMBOは，次世代への経営権の移行を見すえたものだと考えられます。

図表3-8 | MBOの流れ

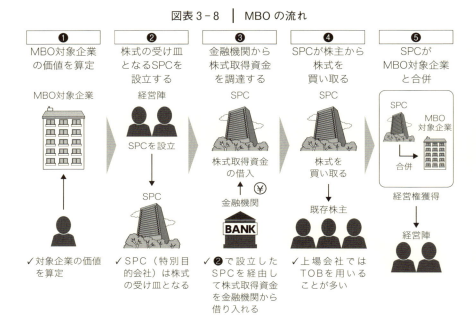

【2】 非上場化による税負担の軽減
(1) 自己資本の借入金への組替え（LBO）

　投資ファンドは，企業買収を行う際に，多額の銀行借入金によって資金調達します。これをレバレッジド・バイアウト（LBO）といいます。

　具体的には，受け皿会社を設立して，銀行から借入れを行い，投資先の株式を買収して100％子会社化します。その後，受け皿会社と投資先の会社を合併させることもあります。結果的に自己資本が銀行借入金に組み替えられることになります。

　このLBOスキームを実行するのは，上場会社の非上場化と現経営者の資本

参加（MBO）を伴うケースが多いでしょう。実はこれが"現代の錬金術"なのです。

なぜ，このような手の込んだ方法を採用するかというと，投資のリターンを最大化するためです。投資ファンドにとってのリターンとは，投資ファンドが負担したお金（元本）がどれだけ増えるかという話です。投資先の企業価値がどれだけ増えるかという話ではありません。

投資ファンドは，リターンを最大化するために，銀行借入金を活用します。一般の方々に馴染みがある話は，不動産投資でしょう。投資する不動産の担保にして購入代金の大部分を銀行借入れで調達します。投資ファンドの投資（バイアウト）の方法は，不動産投資と同じです。

ここに単純化した数値例で考えてみましょう。借入金を活用する場合と活用しない場合で，リターンを比較します。企業価値100億円の会社を買収し，企業価値を180億円まで高めて売却するものと仮定します。単純化のために，借入金の利息と元本返済は無視しましょう。

借入金を活用しない場合，投資ファンドが元本100億円を自ら用意しなければいけません。企業価値180億円で売却すれば，80億円の利益です。**リターンは80%**となります。

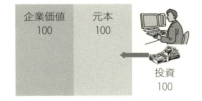
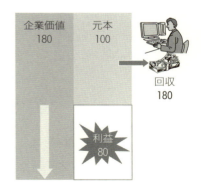

これに対して、借入金を活用する場合、投資ファンドは、半分の50億円だけ元本として支払い、残り半分の50億円は借入金でまかないます。企業価値180億円で売却すれば80億円の利益です。50億円のお金で80億円の利益を稼いだということで、**リターンは160%**となります。

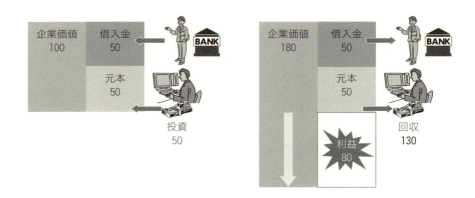

　このように、利益が同額であれば、小さい元本で投資するほうが、リターンは高くなります。これを**レバレッジ効果**といいます。
　この取引を簡略化して、3つの手順に分けて説明します。

【手順1】　投資ファンドが出資して受け皿会社を設立し、銀行から借入れを行います。銀行借入金でまかなう割合は、一般的に50%から80%です。

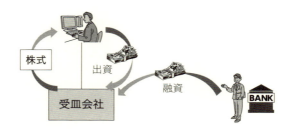

【手順２】　受け皿会社が，投資先の株式を購入します。

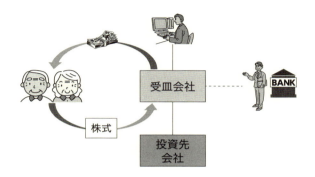

【手順３】　受け皿会社と投資先の会社を合併させます。この結果，投資先が稼いだお金で，借入金を返済することとなります。投資ファンド自体は債務を抱えることになりません。投資先が債務を抱えることとなります。

　LBOを実行することで大きなリターンが得られる会社の特徴は，3つあります。

　1つは，業歴が長く，利益とキャッシュ・フローが安定していることです。これは，多額の銀行借入金を継続的に返済し続けなければいけないからです。毎年の業績の変動が大きい会社は向いていません。また，成長企業のように，大きな設備投資を行うことを予定している会社も向いていません。

　次に，多額の手元現金を抱えていることです。これは，銀行借入金の返済の

財源に充てることができるからです。手元現金が多い会社への投資ほど，借入金の割合を高めることができます。

最後に，上場企業の場合であれば，株価が低いことです。これは，投資ファンドが投資する元本を小さく抑えることができるからです。株価は，株式市場の需給によって決められるものであり，必ずしも企業価値を適正に反映しているわけではありません。LBOを実行するのであれば，株価が下がったタイミングが最適です。

(2) 経営者にとっての相続税対策

ほとんどのLBOは投資ファンドの企業買収が目的ですが，経営者が参加してMBOを行うケースもあります。この場合，投資先の企業価値を高めることに加えて，相続税負担を軽減させることが目的となります。**相続税が軽減されるのは，経営者が持つ上場株式が非上場株式に変わることによって生じる効果です。**

ここに単純化した数値例で考えてみましょう。企業価値100億円の上場会社を経営者だけで買収し，その株式を子供に贈与または相続するものと仮定します。経営者は半分の50億円だけ元本として支払い，残り半分の50億円は借入金でまかないます。単純化のために，借入金の利息と元本返済は無視しましょう。

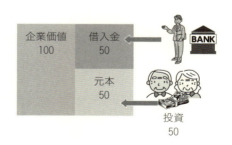

経営者が50億円で買い取った上場株式の時価は50億円です。この際，非上場化しますと，会社の株式は非上場株式に変わります。そうなると，相続税評価

額の計算方法が大きく変わります。

相続税評価額とは，相続税や贈与税を申告するときの基準となる評価額のことです。上場株式の相続税評価額は時価に基づいて計算されますが，非上場株式の相続税評価額は，税法に定められた計算式によって計算されます。このため，同じ会社であっても，上場していた場合と上場していなかった場合では，株式の評価額が大きく異なります。2倍以上の違いがあってもおかしくありません。

今回の数値例では，時価50億円であっても，株式の相続税評価額がゼロとなることもありえます。すなわち，会社の評価が100億円から50億円に下がるとともに，借入金50億円がマイナスの評価額として，株式の評価に反映されるため，「50億円－50億円＝ゼロ」となるわけです。**株式の評価額がゼロとなったタイミングで子どもに贈与または相続すれば，税金はかかりません。**

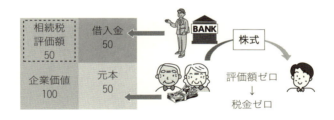

さらに続きを想像してみましょう。非上場化の結果，100億円であった企業価値が180億円まで増えたと仮定しましょう。そこで再上場かM&Aで売却すれば，子どもに130億円の現金が入ってきます。

この結果を全体として見れば，現経営者の子どもは，贈与税や相続税を支払わず，130億円の現金を親から承継することができたと考えることができます。強烈な節税効果が発生します。

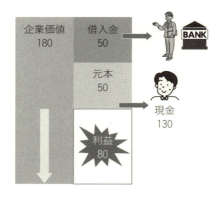

▶ 動画で解説！　ここまでの内容を動画で振り返りましょう。

⑬MBOの錬金術と相続税対策

https://www.youtube.com/watch?v=e-Ujos-udf4

Ⅳ　一般社団法人を活用する相続税対策

【1】　一般社団法人とは

　一般社団法人とは，「一般社団法人及び一般財団法人に関する法律」に基づいて設立された法人のことをいいます。一定の目的で社員が集った団体であり，設立の登記を行うだけで誰でも簡単に設立することができます。

設立時には，社員2名（設立後は1名に減らすことも可能），理事1名が必要です。社員が理事を兼ねるとすれば，設立時に最低2人の構成員が必要です。社員には，自然人だけでなく法人が就任することも可能です。一方，理事は，社員総会の決議で選任（または解任）されます。理事が3名以上の場合，理事会を構成して，代表理事を選任することができます。監事も同様に社員総会の決議で選任（または解任）されます。

一般社団法人の特徴は，持分のない法人であることです。株式会社と異なり，法人のオーナー（出資者）が存在していません。誰のものでもないということです。それゆえ，一般社団法人に個人財産を所有させてしまえば，その財産は宙に浮いた状態となるのです。

ここで，相続税ゼロの資産承継が可能になるのではないかとイメージされるかもしれません。

しかし，ここでは親族が支配してない一般社団法人と，支配している一般社団法人（特定一般社団法人）で異なる取り扱いとなります。

親族が支配してない一般社団法人の場合，相続税が課されることはありません。これに対して，支配している一般社団法人の場合，理事が亡くなったときには，理事から遺贈という形で一定額を取得したとみなして，一般社団法人に対して相続税が課されることになります。

親族が支配しているかどうかは，相続開始直前の時点で，「同族役員」が全役員の2分の1を超えているか，相続開始前の5年間のうち，「同族役員」が全役員の2分の1を超えている状態が3年以上あるか，によって判定されます。同族役員とは，被相続人，その配偶者・3親等内の親族および特別利害関係人（自分が経営する会社の役員や従業員など）です。

また，ここでの一定額は，以下の計算式によります。

$$\text{相続税の課税対象となる額} = \frac{\text{特定一般社団法人の純資産額}}{\text{死亡時の同族役員数}}$$

【2】 相続税をゼロにする方法

 親族が支配する特定一般社団法人に該当すれば,理事が他界したときに相続税が課されます。そこで,相続税をゼロにするために,以下の2つの方法を採用することになります。リレー方式と2分の1方式です。

 リレー方式とは,社員及び理事を同族で占めるが,早期に理事を親から子供に交代することで,相続税を課されないようにする方法です。相続発生の5年前までには理事を交代しておかなければなりません。

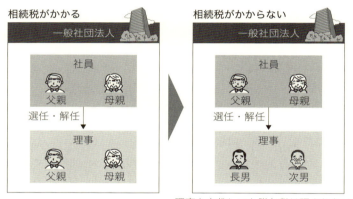

理事を交代しても贈与税は課されない！

 一方,2分の1方式とは,同族理事の割合をちょうど50％とすることで,相続税を課されないようにする方法です。同族外の第三者を理事に入れることが問題となりますが,同族の監事によるガバナンスを効かせるとともに,その権限に制限を付しておけばよいでしょう。

第3章　事業承継を成功に導く相続税対策　127

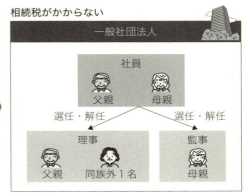

50%ちょうどであれば相続税は課されない！
同族外の理事の権限を制限すれば問題ない！

動画で解説！　ここまでの内容を動画で振り返りましょう。

⑭会社経営者の相続税対策

https://www.youtube.com/watch?v=I3U-I8dT-HQ

第 4 章
不動産の現金化

I　相続した不動産は今すぐ売却せよ

【1】　不動産価格が下がる前に売りなさい！

　今後，わが国の不動産価格は低下することが予想されます。不動産価格が大きく下落する前に不動産を現金に替え，その現金は金融商品投資に回して運用すべきです。

　もちろん，実需に基づく不動産，すなわち自宅として住むことを目的とする居住用の不動産を現金化する必要はありません。問題は，投資目的で運用している不動産です。これはオーナーが自ら住んでいるわけではなく，資産運用の一形態に過ぎません。すなわち，**相続税対策を行う必要のない方々は，投資用の不動産を売却したほうがよい**ということです。

　読者の方々に考えていただきたいのは，今後，「誰が不動産を買うのか？」ということです。

　高度成長期やバブル期には，「団塊の世代」と「団塊ジュニア世代」が，住みたいという実需に基づいて，マイホーム購入に殺到しました。しかし，「団塊ジュニア世代」は50歳を超え，マイホームを購入する若者がいなくなってしまいます。わが国には第3次ベビーブームは来なかったので，**今後は若者がいなくなり，高齢者ばかりの社会になる**のです。これから誰が不動産を購入するのでしょうか。

　中古マンションやアパートは，築年数が浅い物件であれば，融資もついて買

主が見つかります。しかし，**残存法定耐用年数が15年を切るなど古い物件には銀行の融資がつかず**，買主を見つけることが困難になります。つまり，古くなると価格が一気に下落するのです。このような場合，土地だけを売却するのと同程度の価格しかつかないことになります。

　2024年現在，地方や郊外の土地は，建売業者や低価格ハウスメーカーが買い取ってくれています。希望する価格を下回るかもしれませんが，売れるだけでも幸せなのです。今後は，買主を見つけることですら難しい状況となるでしょう。

　近年，銀行やハウスメーカーからの提案に乗ってしまい，地方や郊外で，収益性を無視した賃貸アパートを建築し，賃貸経営に失敗する地主が増えています。利回りは低下するどころか，キャッシュ・フローが赤字になるケースも出てきています。今後は，相続放棄を選択する相続人が増えるかもしれません。

不動産価格が上がる要因	不動産価格が下がる要因
・外国人によるインバウンド不動産投資 ・外国人旅行者の民泊需要 ・高齢者による相続税対策	・人口減少で需要減少 ・高齢化で相続発生すると，空き家の供給増加 ・核家族化によって高級住宅地（豪邸）のニーズ低下 ・「空き家対策特別措置法」の「特定空き家」の売却

【2】　空き家となった実家は売りなさい

　地方や郊外の実家を相続したものの，自分は都心に住んでいるため，空き家を所有することになる相続人が多く見られます。

　もし，実家を相続して，何もしないで放っておくと，さまざまな問題が伴います。不用物を不法投棄されたり，火遊びに使われて火事が発生したりするなど，想定外の事態が生じます。このようなトラブルが生じた際には，土地の所有者が責任を問われるため，収益を生むどころか，土地を保有すること自体がリスクとなります。

第4章　不動産の現金化　*131*

　また，誰も住まない空き家であっても，**不動産を所有すると固定資産税や都市計画税が課されます**。たとえば，固定資産税評価額4,000万円の実家を相続すると，相続人は，毎年27万円の税金を支払わなくてはなりません。概ね0.5%程度の負担だと覚えておきましょう。

◆**空き家の所有に伴う税金**
【例】　土地180㎡と建物を相続した。固定資産税評価額は，土地3,000万円，
　　　建物1,000万円であった。
（固定資産税）
土地3,000万円×（1/6）×1.4% ＋ 建物1,000万円×1.4% ＝ 21万円
（都市計画税）
土地3,000万円×（1/3）×0.3% ＋ 建物1,000万円×0.3% ＝ 6万円
（合計）
21万円 ＋ 6万円 ＝ 27万円

　この税負担の大きさは，住宅用地（200㎡以下の小規模住宅用地）に対する固定資産税の課税標準の特例によって軽減されたものです（都市計画税も同様）。
　さまざまなリスクと税負担を伴う空き家は，早急に処分すべきものと考えましょう。近年は相続発生前に実家を売却しようとしても，買主が見つからず，相続時まで売却できずに残るケースがほとんどです。
　実家を相続する結果となった場合でも，なるべく早めに処分することが得策です。**相続税の申告期限から3年以内に売却すると，3,000万円特別控除や相続税の取得費加算の特例を適用することができるからです**。
　実家の売却を行わないのであれば，その相続を考え，相続人による売却のための準備を行っておくべきです。つまり，相続発生直後に相続人が売却することを計画し，事前に「境界確認」と「地積測量」を行っておきましょう。これ

は土地家屋調査士に依頼することになり，隣地所有者の立会いのもとで，確認の承諾を得る手続きが必要となります。相続発生後にこれを行うと，相続人の費用負担となりますが，生前であれば被相続人の費用負担で済みます。

　土地の面積は，登記簿に記載してある数字を見れば判ると安易に考えられる方もいますが，法務局の登記簿は，登記制度が設けられた何十年も昔から受け継いできた情報であるため，実際の面積と登記簿の面積が異なる場合があるのです。土地の売買を実行するときには，坪単価に実際の面積を乗じて売買価格を計算しますから，実際の面積を知らなければ，売買価格も計算できません。売買を実行する前に，隣接地との境界を確定したうえで，土地の面積を正確に測量しておく必要があるのです。

　一般的に，固定資産税の負担を軽くするために，実際の面積が登記簿の面積よりも小さくなっています。土地を売却する際には，面積が大きいほうが高く売れるため，面積の過小評価は事前に解消しておくべきでしょう。

　なお，親が先代からの相続の際に登記を行っておらず，他界した祖父母の名義のまま放置されているケースがあります。祖父や祖母から親への登記は省略することができませんので，これも事前に済ませておくべきでしょう。

第4章　不動産の現金化　133

▶ 動画で解説！　ここまでの内容を動画で振り返りましょう。

⑮土地の境界確定と測量の必要性

https://www.youtube.com/watch?v=P7Wwe1ab-JA

【3】　土地は共有せずに売りなさい

　地主の方々の相続において，「どのように土地を分ければ，相続人間で円満な相続ができるか？」，すなわち，円満な遺産分割が大きな問題となります。この点，地主の方々が特に気をつけたいことは，土地の共有です。
　土地を物理的に分割するために分筆しますと，賃貸経営する際の収益性が低下し，その資産価値が低下する可能性があります。

　それなりに規模が大きい場合であれば，分割してもそれぞれの土地は一定規模が確保され，賃貸経営を始めることが可能です。しかし，規模が小さい場合や，すでに建物が建っている場合には，その土地を分割することは極めて困難になります。
　このため，土地の相続は，どうしても「共有」という方向へ流れてしまいがちです。すなわち，一筆の土地を複数人で所有することになります。形式的には公平な遺産分割を行うことができたように見えるでしょう。

　しかし，不動産を共有するということは，複数の不動産オーナーが存在するということです。共有者同士の仲が良く，そのまま持ち続けていれば特に問題

ないように思えるかもしれません。しかし，将来，「建物を建て替えたい」とか「売却して現金化したい」など，個人の意見の相違が出てくるでしょう。

そして，共有者である兄弟の1人が亡くなった場合，土地の持分の所有権は，その相続人に引き継がれます。子供がたくさんいますと，土地の共有者は一気に増加します。相続後の共有者は，甥や姪です。すべての兄弟に相続が発生すれば，いとこ同士の関係で共有することになります。

これが世代交代ごとに繰り返されて，共有者間の関係はどんどん薄くなり，やがて，共有者同士が顔も見たことがないような関係となります。

そうなってしまえば，「現金が必要だから，俺の持分を買い取ってくれ」など，お互いが自分勝手なことを要求するようになります。共有者は連帯して維持コストを負担しているため，誰が固定資産税を納付するか，誰が補修費用を負担するのかという問題も発生しがちです。

結果として，共有する土地は，何もできない硬直した状況に陥ってしまうのです。売りたくても売れず，建て替えもできません。共有の土地の処分には，共有者全員の同意が必要だからです。

しかし，共有者間の関係が薄ければ，それに同意をするにも時間と手間がかかります。実際に全員が意思統一するのは非常に困難でしょう。

地主の方々は，保有する資産への執着を非常に強く持ち，「先祖代々の土地は売らずに相続を続けなければならない」という信念を持っていますが，共有してまで土地を相続しても，親族内で争いが起きるだけなのです。それゆえ，不動産の安易な共有は避け，相続発生前に売却しておくほうがよいのです。

売却して現金化すれば，その後の資産運用は自由です。資産を増やしたいのであれば金融商品に投資すればよいでしょう。相続税対策を優先するのであれば，遺産分割のために複数の不動産へ分散投資します。たとえば，タワーマンションの区分所有物件を相続人の数だけ購入することが最適な投資となります。

第4章　不動産の現金化　*135*

【4】　相続財産をすぐに売るべし

　親の相続で実家を取得しても，子供たちは都心部で生活しているため，もはや実家には誰も住まなくなるケースが増えています。そのようなケースでは，相続から3年以内に売却すれば，所得税等の負担が軽減される特例を適用することができます。これが**相続空き家の3,000万円特別控除の特例**です。

　相続空き家の3,000万円特別控除の特例とは，被相続人居住用の家屋および敷地等を相続した場合，一定の要件に該当する譲渡は，3,000万円の利益まで非課税とする制度です。

　この特例は，1人暮らしの親に相続が発生したとき，実家に耐震リフォームを施して売却するケース，実家を取り壊して土地だけ売却するケースにおいて適用することができます。

　具体的には，以下の4つの要件をすべて満たす場合です。

(1)　相続開始直前において被相続人の居住用の家屋（次の①から③の要件を満たすもの）およびその敷地等を取得したこと

図表4-1 ｜ 相続空き家の3,000万円特別控除のイメージ

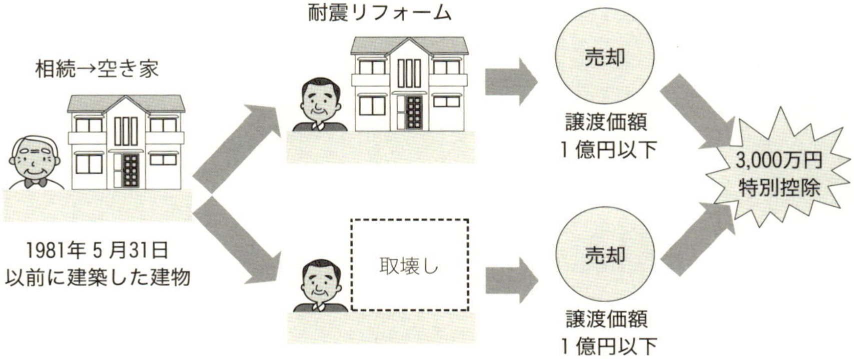

家屋の要件
① 1981年5月31日以前に建築されたこと
② 区分所有建物ではないこと
③ 相続開始直前に被相続人以外に居住していた者がいなかったこと

(2) 次の①または②の譲渡を行ったこと

譲渡の種類
① 家屋またはその敷地等を譲渡したこと
② 家屋の全部の取壊しをした後にその敷地等を譲渡したこと
※ 建物を譲渡する場合，耐震リフォーム（基準あり）をしなければいけません。
　 また，譲渡時までの期間に，居住用，事業用，貸付用に使用してはいけません。

(3) 相続開始日から3年経過する日の属する年の12月31日までに譲渡したこと

(4) 譲渡価額が1億円以下であること
　ただし，これらの要件を満たす場合であっても，以下のケースに該当すれば，特例を適用することができません。

適用できないケース
① 買主が，配偶者および直系尊属
② 買主が，生計同一の親族
③ 買主が，譲渡された家屋に同居する親族
④ 買主が，同族関係者が議決権50％を有する法人等

第 4 章　不動産の現金化　*137*

　また，買換え特例や交換特例などと併用することはできません。相続財産を
譲渡した場合の**取得費加算の特例**と併用することもできません。

　空き家となる実家以外の不動産についても，所得税等を軽減することができ
る特例があります。それが**相続税の取得費加算**の特例です。
　相続税の取得費加算の特例とは，相続財産を譲渡した場合，その者が支払っ
た相続税の一部を譲渡所得の計算において取得費に加算することができる特例
です。申告期限の翌日から 3 年以内という要件があります。
　この特例は，居住用の不動産だけでなく，事業用や貸付用の不動産の譲渡に
おいても適用することができます。それゆえ，実家の売却には3,000万円特別
控除の特例を適用し，賃貸アパートなど投資用不動産の売却には，取得費加算
の特例を適用することになると思われます。

$$\text{加算される金額 } = \text{ その者の相続税額 } \times \frac{\text{譲渡した資産の価額}}{\text{相続税の課税価格}}$$

　いずれの特例も，相続財産を 3 年以内に売却する際に，所得税等の負担を軽
減させるものです。相続人となった方々は，これらの特例を適用して，空き家
となった実家や利回りの低い投資用不動産を現金化することを検討しなければ
いけません。

【5】　実家を売ると節税できる

⑴　居住用財産を譲渡した場合の3,000万円特別控除
　居住用財産である自宅の建物やその敷地について，一定の要件のもとで譲渡
した場合，譲渡所得の計算において3,000万円を控除することができます。こ
れには，所有期間や居住期間に関する要件はないため，短期譲渡でも適用する
ことができます。

◆適用要件

✓自分が居住している家屋とともに敷地または借地権を譲渡すること。

✓居住していない場合は，居住を止めてから3年を経過した日の属する年の12月31日までに譲渡すること。

✓家屋を取り壊した場合，取り壊し日から1年以内にその敷地の譲渡契約を締結すること（取り壊した後に貸地に供した場合は不可）。

✓譲渡した相手が配偶者や直系血族等の親族，経営する同族会社ではないこと。

✓譲渡した年の前年および前々年にこの特例の適用を受けていないこと。

✓譲渡した年，前年および前々年に，「特定居住用財産の買換え特例」や「譲渡損失の繰越控除の特例」の適用は受けていないこと。

(2) 空き家の譲渡所得3,000万円特別控除

相続した空き家の建物やその敷地について，一定の要件のもとで譲渡した場合，譲渡所得の計算において3,000万円を控除することができます。

◆適用要件

✓1981年5月31日以前に建築された被相続人の居住用財産であること。

✓区分所有建物ではないこと。

✓相続開始日から3年後の12月31日までに譲渡すること。

✓譲渡対価が1億円以下であること。

✓相続開始日から譲渡日までの間に，家屋と土地を居住・事業・貸付に使用していないこと。

(3) 居住用財産の軽減税率の特例

譲渡した年の1月1日時点における所有期間が10年を超える居住用財産を譲

第4章　不動産の現金化　*139*

渡した場合には，居住用財産の3,000万円特別控除を適用した後の譲渡所得において，6,000万円までの部分に軽減税率14.21%が適用される制度です。6,000万円超の部分については長期譲渡の税率20.315%となります。

◆適用要件

✓自分が居住している家屋とともに敷地または借地権を譲渡すること。

✓居住していない場合は，居住を止めてから3年を経過した日の属する年の12月31日までに譲渡すること。

✓家屋を取り壊した場合，取り壊し日から1年以内にその敷地の譲渡契約を締結すること（取り壊した後に貸地に供した場合は不可）。

✓譲渡した相手が配偶者や直系血族等の親族，経営する同族会社ではないこと。

✓譲渡した年の前年および前々年にこの特例の適用を受けていないこと。

✓譲渡した年の1月1日時点で，所有期間が10年を超えていること。

⑷　特定居住用財産の買換え特例

　譲渡した年の1月1日時点における所有期間が10年を超え，かつ居住期間も10年以上の居住用財産を譲渡し，一定期間内に居住用財産を買い換えた場合には，買い換えた金額に相当する部分の課税が繰り延べられます。

　譲渡価格 ≦ 買換資産の場合，すべての課税が繰り延べられます。

　譲渡価格 ＞ 買換資産の場合，差額（＝譲渡価格－買換資産）にのみ課税され，残りの部分の課税は繰り延べられます。

◆適用要件

✓自分が居住している家屋とともに敷地または借地権を譲渡すること。

✓居住していない場合は，居住を止めてから3年を経過した日の属する年

の12月31日までに譲渡すること。
- ✓家屋を取り壊した場合，取り壊し日から1年以内にその敷地の譲渡契約を締結すること（取り壊した後に貸地に供した場合は不可）。
- ✓譲渡した相手が配偶者や直系血族等の親族，経営する同族会社ではないこと。
- ✓譲渡した年の前年および前々年にこの特例の適用を受けていないこと。
- ✓譲渡した年の前年および前々年に「3,000万円特別控除の特例」や「軽減税率の特例」の適用を受けていないこと。
- ✓譲渡した年の1月1日時点で，所有期間が10年を超え，かつ通算居住期間が10年以上であること。
- ✓譲渡対価が1億円以下であること。
- ✓家屋が50㎡以上，土地が500㎡以下であること。
- ✓新たな居住用財産を譲渡した年，その前年または翌年に取得すること。
- ✓新たな居住用財産の取得日の翌年12月31日までに居住し，継続して居住する見込みであること。

⑸　居住用財産の買換え等の譲渡損失の損益通算および繰越控除の特例

　譲渡した年の1月1日時点で，所有期間が5年を超える居住用財産を譲渡して損失が発生し，新たな資産に買い換えた場合には，その損失を他の所得（総合課税のもの）から差し引くことができる損益通算が認められます。また，その年に損益通算しても控除しきれない損失がある場合には，翌年以降3年間にわたって繰越控除することが可能です。

◆適用要件
- ✓譲渡資産は，譲渡した年の1月1日時点で，所有期間が10年を超えていること。

第4章　不動産の現金化　*141*

✓譲渡資産を譲渡した相手が配偶者や直系血族等の親族ではないこと。

✓買換資産は，床面積50㎡以上であること。

✓買換資産は，前年，譲渡した年，翌年の3年間に取得すること。

✓買換資産は，取得日の翌年12月31日までに居住すること。

✓買換資産は，繰越控除の適用を受ける年の年末に，買換資産の取得のために借り入れた**住宅ローン（返済期間10年以上）**の残高があること。

✓繰越控除を受ける年の合計所得額が3,000万円以下であること。

✓前年，前々年に「3,000万円特別控除の特例」や「軽減税率の特例」の適用を受けていないこと。

⑹　居住用財産の譲渡損失の損益通算および繰越控除の特例

　譲渡した年の1月1日時点で，所有期間が5年を超える居住用財産を譲渡して損失が発生し，新たな資産の買換えを行わなかった場合，一定の要件を満たせば，その損失を他の所得（総合課税のもの）から差し引くことができる損益通算が認められます。また，その年に損益通算しても控除しきれない損失がある場合には，翌年以降3年間にわたって繰越控除することが可能です。

◆適用要件

✓譲渡した年の1月1日時点で，所有期間が10年を超えていること。

✓譲渡契約締結日の前日に，返済期間10年以上の住宅借入金残高があること。

✓譲渡した相手が配偶者や直系血族等の親族ではないこと。

✓繰越控除を受ける年の合計所得額が3,000万円以下であること。

✓特定居住用財産の譲渡損失の金額（損益通算の限度額）は，住宅ローン残高から譲渡対価を差し引いた金額となる。

▶ 動画で解説！　ここまでの内容を動画で振り返りましょう。

⑯賃貸不動産の売却タイミング

https://www.youtube.com/watch?v=TllyfrDMtSU

⑰小規模宅地等の特例（家なき子特例）

https://www.youtube.com/watch?v=S3wan2Et1is

⑱負債となってしまう賃貸不動産

https://www.youtube.com/watch?v=bbOj4fjLEuA

⑲譲渡所得の取得費加算の特例

https://www.youtube.com/atch?v=2AIKVvtG1pY

Ⅱ　地方から都心へ，今こそ住み替えしなさい！

　自宅が地方にあるならば，その自宅を売却し，都心部に新たな自宅を購入する住み替えを行うことによって，相続税負担を軽減させることができます。

　たとえば，広くて地価が安い，地方にある自宅に住んでいたとしましょう。

330㎡を限度に小規模宅地等の特例が適用されて80％が減額されますが，広い敷地の場合は，330㎡を超える部分に特例が使えません。それゆえ，敷地が広ければ広いほど，評価減は小さくなってしまいます。土地の一部にしか特例を適用することができないからです。

　これが都心の自宅になると，仮に同じ価格の土地でも，単価が高い分だけ敷地面積は小さくなりますから，小規模宅地等の特例を，限度面積330㎡以内で使うことができる可能性が高くなります。

　つまり，小規模宅地等の特例には，土地の「面積」には限度があるが，評価減の「金額」には限度がないということです。土地の単価を上げて，評価減の金額を大きくすればするほど，節税効果は大きくなります。

　このように，郊外にある路線価の低い土地を手放し，都心にある路線価の高い土地へ組み替えると大きな節税となるわけです。

　ちなみに，自宅の売却に伴う譲渡所得の負担が気になるかもしれません。この点については，居住用財産の3,000万円の特別控除の特例が適用されます。よほど大きな売却益が出ない限り，その税負担を気にする必要はありません。

図表4-2 ｜ 田舎から都心への住み替え

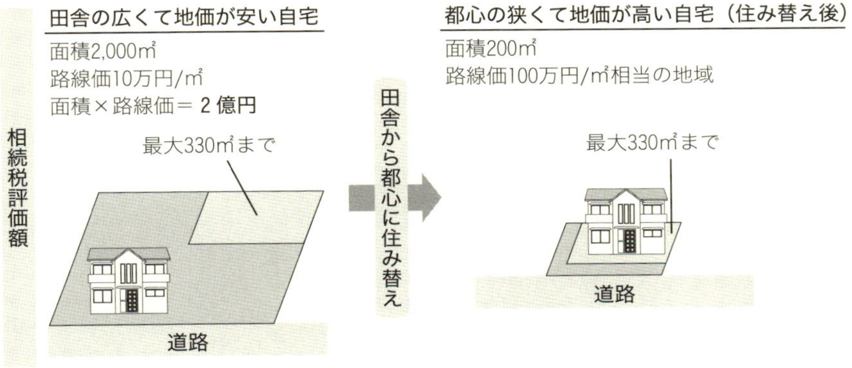

田舎の広くて地価が安い自宅
面積2,000㎡
路線価10万円/㎡
面積×路線価＝2億円

最大330㎡まで

相続税評価額

田舎から都心に住み替え

都心の狭くて地価が高い自宅（住み替え後）
面積200㎡
路線価100万円/㎡相当の地域

最大330㎡まで

道路

▶ **動画で解説！** ここまでの内容を動画で振り返りましょう。

⑳老後の住み替えと移住

https://www.youtube.com/watch?v=MRzXHugT_-E

第 5 章
不動産所有法人の活用

Ⅰ 法人経営で所得税を抑えなさい

【1】 重い所得税と軽い法人税

　課税所得4千万円超の人の所得税の最高税率は45％にもなります。それ以外の人も同様に，累進課税が適用される所得税は極めて重いものとなっています。
　たとえば，課税所得1千万円の方は約300万円，2千万円の方は約800万円です。

図表5-1 ｜ 個人経営で負担すべき税金

所得税 45％ ＋ 住民税 10％ ＋ 事業税 5％

図表 5 - 2 　所得税の税率表

課税所得金額	税率	控除額
195万円以下	5%	0円
195万円を超え330万円以下	10%	97,500円
330万円を超え695万円以下	20%	427,500円
695万円を超え900万円以下	23%	636,000円
900万円を超え1,800万円以下	33%	1,536,000円
1,800万円を超え4,000万円以下	40%	2,796,000円
4,000万円超	45%	4,796,000円

出所：国税庁

　所得税の計算には、以下の限界税率が適用され、そこから所得控除を差し引きます。

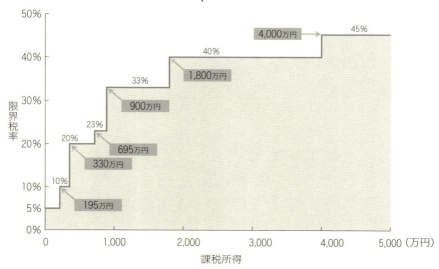

図表 5 - 3 　所得税の限界税率

一方，普通法人の実効税率は，約35％です。

　不動産を個人経営する場合，課税所得１千万円の方の税負担は概ね３割，２千万円の方の税負担は概ね４割です。これに対して，法人の税負担は概ね３割となります。それゆえ，税負担だけを単純に比較するだけであれば，法人経営のほうが有利であると言えそうです。

図表５-４　法人税の実効税率

法人実効税率	2023年度
外形標準課税適用の法人	29.74％〜30.62％
上記以外の法人	33.58％〜34.59％

図表５-５　個人の所得税と法人の法人税

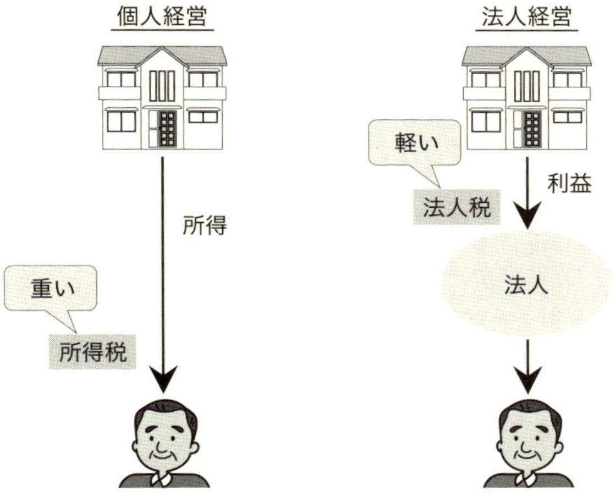

【2】 不動産所得を法人へ移しなさい

　個人経営から法人経営に切り替えると，税負担が軽くなると述べましたが，実際の話はそれほど単純ではありません。法人経営に切り替えたとしても，家賃収入が個人の手元に入ってこなくなり，生活することができなくなる場合もあるからです。

　生活費を賄うためには，法人から個人へ給与を支払う，配当金を支払うなど，個人へ所得を移転させなければなりません。そうしますと，法人経営であっても，結局のところ，所得税を支払うことになるのです。

　しかし，個人経営と異なり，法人経営で法人から給与を支払うとすれば，**給与所得控除，所得分散効果**など数々の税務上の特典を使うことができ，個人経営と比べて，所得税の負担が軽減されます。法人を経由させて家賃を受け取るだけで，節税効果が発生するのです。つまり，**法人経営は，所得税の節税手段**となります。

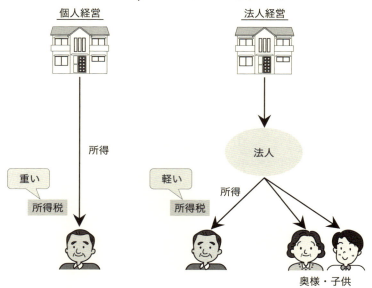

図表5-6　法人経営による所得税の節税

第5章　不動産所有法人の活用　149

　以上のように，個人経営から法人経営へ切り換えることによって，所得税負担を軽減することができます。

　そこで，すでに個人が所有する不動産を，どのように法人へ移転することができるかを考えます。個人の所得を法人へ移すこと，不動産の「法人化」です。

　不動産の法人化を実行するとしても，移転コストの負担や譲渡所得税の発生を無視することができないため，すべての賃貸物件を移転させればよいというわけではありません。コスト負担が大きすぎて，法人化すべきではないケースもあります。

　法人化するならば，**収益性の高い賃貸物件**が最適なものとなります。木造の中古物件など，**建築後に相当年数が経っていて減価償却費が小さい物件**が適しています。可能なかぎり，多くの所得を法人へ付け替えたいからです。このような物件であれば，建物の簿価や固定資産税評価額が低いため，移転コストの負担も軽くなるはずです。

【3】　給与所得に変えて税負担を減らす

　不動産の賃貸経営を個人で行えば，家賃収入を個人が受け取り，そこから経費を差し引いた「不動産所得」に対して所得税等が課されます。

　これに対して，賃貸経営を法人で行いますと，家賃収入を個人ではなく法人が受け取り，そこから経費を差し引いた利益に対して法人税等が課されます。

　法人経営で注意すべきなのは，毎月の家賃収入が，法人の預金口座に振り込まれるため，個人で自由に使うことができないということです。このため，不動産オーナー個人は，自分の生活費をもらうために，法人からお金を引き出さなければなりません。つまり，法人から個人へ給与（役員報酬）を支払う必要があります。この結果，**給与所得**に対して個人の所得税等が課されることとなるのです。

図表5-7　法人経営における給与所得の発生

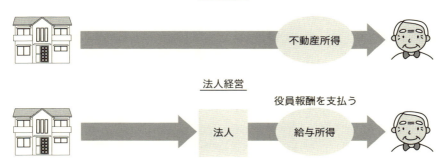

　個人財産を所有させるための法人であれば，その代表者または役員に，不動産オーナーご自身が就任することでしょう。その場合，法人から個人へ支払う給与は，「役員報酬」となります。この支払いには制約があります。すなわち，**定期同額給与**と**事前確定届出給与**である場合にかぎり，法人の経費に算入することができます。

　定期同額給与とは，支給時期が1カ月以下の一定期間ごとである給与で，その事業年度を通じて支給額が同額であるものをいいます。この給与を変更することができるのは，原則として毎年一度だけです。その際，定時株主総会の決議を取ったうえで，事業年度開始日から3カ月以内に改定することが必要です（例外事由として，業績悪化の改定，臨時の改定等があります）。
　たとえば，3月決算法人の役員給与を変更する場合，決算日から3カ月以内の改定が求められることから，6月分の給与から増額または減額させることが必要です。これに違反して増減させた場合，増減額の部分が損金不算入となります。なお，新設法人の場合は，設立日から2カ月以内に役員給与を新たに決定しなければなりません。

　これに対して，事前確定届出給与とは，所定の時期に確定額を支払う給与で，

一定期限までに税務署へ届出（事前確定届出給与に関する届出書）を行っているものをいいます。従業員のボーナスのようなものです。株主総会決議から1カ月以内，または，**事業年度開始日から4カ月以内**のいずれか早い日までに届出を行うことが必要です。そして，原則として，届出を行った金額を勝手に変更してはいけません（例外として，業績悪化の改定，臨時の改定等があります）。届出をした給与額と異なる金額で給与を支給した場合，原則として，その支給額の全額が損金不算入となります。

ただし，事前確定届出を行ったにもかかわらず，支給を取り止めた場合（役員が給与の受取りを辞退した場合），給与額がゼロとなりますから，これが損金不算入となっても何ら問題はありません。

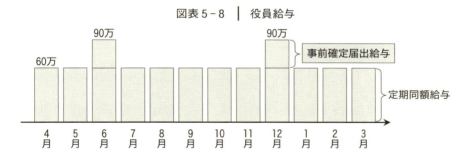

図表5-8　役員給与

個人経営では「不動産所得」に対して所得税等が課され，法人経営では「給与所得」に対して所得税等が課されます。どちらも総合課税だから同じだと思うかもせんが，所得税額には大きな違いが生じます。

給与所得の場合，概算経費とも言うべき「**給与所得控除**」を差し引いて課税所得の計算を行うのです。つまり，給与所得控除が実質的な非課税枠として機能し，その分だけ所得が減って，所得税等が小さく計算されることになります。

個人経営の場合，家賃収入から差し引くことができる経費は，賃貸経営に係る経費だけでした。しかし，法人経営の場合，同様の経費を差し引き，さらに個人に支払う段階で，給与所得控除という概算経費（非課税枠）も差し引くことになり，所得が小さくなるのです（ポイント①）。

図表 5 - 9 ｜ 給与所得控除の計算

給与等の収入金額 （給与所得の源泉徴収票の支払金額）	給与所得控除額 （収入金額から減額されます）
180万円以下	収入金額×40% 65万円に満たない場合には65万円
180万円超　360万円以下	収入金額×30%＋18万円
360万円超　660万円以下	収入金額×20%＋54万円
660万円超　1,000万円以下	収入金額×10%＋120万円
1,000万円超	220万円（上限）

注：660万円以上1,000万円未満の給与所得は，収入×90％−120万円，
　　1,000万円超の給与所得は，収入−220万円で計算することができます。

【4】 所得を分散する

　個人経営の場合，賃貸不動産から入ってくる家賃は，その全額が不動産オーナー個人1人の所得になります。これに対して，法人経営の場合，不動産オーナー個人だけでなく，奥様や子供の所得とすることができます。

　すなわち，奥様や子供を法人の役員に入れるとすれば，彼らに給与（役員報酬）を支払うことができ，所得を複数の人たちへ分散させることができます。その結果，個々の人たちに適用される税率が低くなり（超過累進税率だからです），全体として合計した所得税額は小さくなります（ポイント②）。これが**所得分散効果**です。

　もちろん，個人経営の場合でも，青色事業専従者を雇って給与を支払えば，奥様などに所得を分散させることができます。しかし，青色事業専従者は，5棟10室以上の規模で賃貸経営を行っており，かつ，生計同一の人に限るという要件があるため，使いづらい制度です。これに対して，法人経営では，原則として，誰でも役員に入れて報酬を支払うことができますから，簡単に所得分散を図ることができます。

図表5-10　所得分散による所得税率の低下

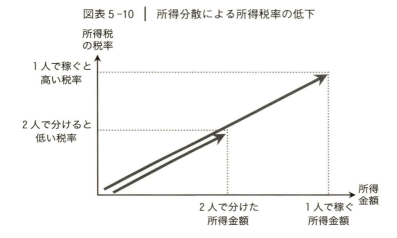

　そして、法人経営を行えば、算入できる経費の範囲が広がります。この点、個人経営であれば、経費に算入されるものは不動産の賃貸経営に係るものに厳しく限定されます。
　しかし、法人経営であれば、法人に帰属する経費は不動産の賃貸経営に係るものに限定されるわけではありません。賃貸経営に係るもの以外の経費であっても、法人に帰属する経費であれば、法人税法で認められるかぎり、すべて経費算入することができます。経費の範囲が広くなれば、所得を大きく圧縮することができ、節税効果が生じます（ポイント③）。

図表5-11 | 法人経営による節税効果のポイント

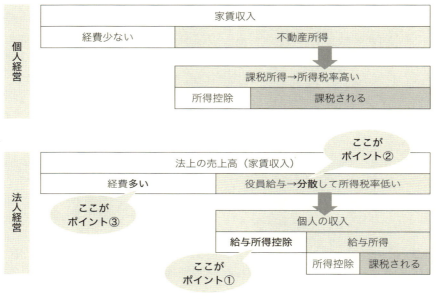

法人経営によって個人の所得税・住民税が安くなります

　ちなみに，個人経営の場合には，ご主人が稼いで，奥様や子供などを養うことになりますから，所得控除として**配偶者控除・配偶者特別控除**や**扶養控除**を使うことができます。

第5章　不動産所有法人の活用　155

図表5-12 ｜ 親族の年齢に応じた扶養控除

				同居の場合 上乗せ控除 10万円
	上乗せ控除 25万円			上乗せ控除 10万円
控除なし 所得金額 調整控除 該当の場合 のみ 10万円控除	扶養控除 38万円	扶養控除 38万円	扶養控除 38万円	扶養控除 38万円
16歳未満	16歳以上 19歳未満	19歳以上 23歳未満	23歳以上 70歳未満	70歳以上
	控除対象扶養親族			
扶養親族				

年齢はいずれも12月31日現在で判定します

【5】 退職所得に変えて負担を抑えなさい

　法人経営によって，「不動産所得」を「給与所得」に転換することが節税手段となることは述べました。法人から個人へ所得を支払う手段は給与だけではありません。配当金もありますし，退職金もあります。

　配当金を受け取った個人は，配当所得を受け取ることになりますが，この税負担は給与所得よりも重くなる可能性があるため，ここでの検討対象からは除外しましょう。

　所得税法において，一時金として受け取る退職所得に係る所得税は，毎月受け取り続ける給与と比べて軽くなっています。これは，長年の勤務に対する慰労と，退職後の新たな生活に対する保障の観点から，政策的に配慮されている

ためです。

　たとえば，現金2,000万円を法人から役員へ支払う手段を選択するとしても，たとえば，給与として受け取れば800万円の税負担です。これに対して，退職金（勤続20年）として受け取れば140万円の税負担で済みます。つまり，退職金は給与よりも所得税負担が軽いのです。

　この点，個人経営の場合，**小規模企業共済**に入らなければ，自分が自分に退職金を支払うことはできません。青色事業専従者として働いている奥様や子供も同様です。

　一方，法人経営の場合，自分で経営する法人から自分に退職金を支払うことが可能となります。受け取る立場のオーナー個人は，退職所得を得ることになります。

　退職所得は，次のように計算します。この計算によって，退職所得控除と2分の1課税というメリットを享受することができるのです。

退職所得の計算

（退職金に係る収入金額－退職所得控除額）$\times \dfrac{1}{2} =$退職所得

　退職所得には，**退職所得控除額**という非課税枠があります。たとえば，勤続年数が10年2カ月の人の場合，端数を切り上げて勤続年数は11年になりますので，退職所得控除額は440万円となります。

　早見表を見ますと，勤続年数が長ければ長いほど，退職所得控除額が増えているのがわかります。つまり，長く勤続するほど，所得税等の負担が軽くなるということです。

　また，退職所得には，**2分の1課税**という優遇された計算が行われます。つまり，課税所得が2分の1に減少するのです。これによって，税負担が半減します。

第5章 不動産所有法人の活用 *157*

図表5-13 退職所得控除額の計算と早見表

勤続年数	退職所得控除額
20年以下	40万円×勤続年数(80万円未満の場合は80万円)
20年超	70万円×(勤続年数－20年)＋800万円
障害退職の場合は，上記により計算した金額＋100万円	

勤続年数	退職所得控除	勤続年数	退職所得控除	勤続年数	退職所得控除
3 年	120万円	13年	520万円	23年	1,010万円
4 年	160万円	14年	560万円	24年	1,080万円
5 年	200万円	15年	600万円	25年	1,150万円
6 年	240万円	16年	640万円	26年	1,220万円
7 年	280万円	17年	680万円	27年	1,290万円
8 年	320万円	18年	720万円	28年	1,360万円
9 年	360万円	19年	760万円	29年	1,430万円
10年	400万円	20年	800万円	30年	1,500万円
11年	440万円	21年	870万円		
12年	480万円	22年	940万円		

　たとえば，勤続年数25年間で，退職金5,000万円を支払う場合，退職所得控除額1,150万円が差し引かれた上で，2分の1を乗じて課税所得を計算します。よって，課税所得は1,925万円まで減少し，結果として所得税は490万円となります。住民税を合わせても680万円であり，結果として，税負担率はわずか13％です。

　さらに，**退職所得は，分離課税によって税率を抑える計算が行われます**。すなわち，事業所得など他の所得があったとしても合算される（総合課税となる）ことはなく，退職所得だけ分離して所得税等を計算することになるため，税率の上昇を抑えることができます。

　富裕層と呼ばれる不動産オーナーであれば，総合課税の所得に対する税率（超過累進税率）が高くなっているはずですが，退職所得が分離課税とされることによって，高い税率の適用を回避することができます。

　5千万円の退職金に対する税金の計算過程は以下のようになります。

図表 5-14 | 退職金に対する所得税の課税イメージ

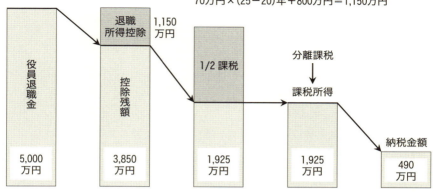

（所得税）
課税所得1,925万円×所得税率40％－控除額279.6万円＝所得税490万円
（住民税）
課税所得1,925万円×住民税率10％＝住民税192万円
（合計）
所得税490万円＋住民税192万円＝682万円
（税負担率）
682万円／5,000万円＝13.6％

　以上のように，退職所得には，（1）退職所得控除があること，（2）2分の1課税であること，（3）分離課税で計算されること，この3つのメリットがあり，税負担が軽くなります。

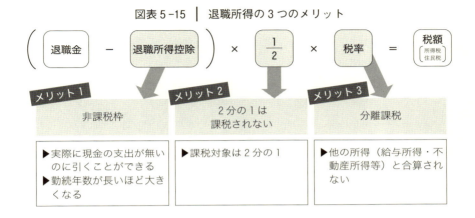

図表5-15 | 退職所得の3つのメリット

　念のため，支払う法人側における退職金の損金算入限度額を確認しておきましょう。不動産オーナー個人の所得税等を軽減させることができたとしても，法人税の負担が重くなっては意味がありません。

　この点，法人税法によれば，役員の業務に従事した期間，その退職の事情，その法人と同種の事業を営む法人でその事業規模が類似するものの役員に対する退職給与の支給の状況等に照らし，その退職した役員に対する退職給与として相当であると認められる金額まで損金算入できると規定しています。

　しかし，「退職給与として相当であると認められる金額」の計算方式が明らかではありません。この点，過去の裁判例に基づく実務慣行では**「功績倍率」による計算方式**が採用されています。

　ここに功績倍率による計算方式は，「最終報酬月額×在任年数×役位別功績倍率」という計算式によるものです。代表取締役社長であれば，一般的に3倍程度が妥当だと考えられます。筆者の実務では，3.2倍を使うように指導するケースが多いです。

　たとえば，代表取締役社長の最終報酬月額を60万円とし，在任年数10年，功績倍率を3.2倍とすれば，「60万円×10年×3.2＝1,920万円」ということになります。

図表5-16　功績倍率による計算方式

（参考）各役位の功績倍率　※功績倍率は，資本金・従業員数・職種等により異なります。

会長	社長	専務	常務	取締役	監査役
2.8	**3.2**	2.6	2.3	2.0	2.0

役員退職金の目安

退職時の役員報酬月額	役員在任年数 10年	20年	30年	40年
60万円	1,920万円	3,840万円	5,760万円	7,680万円
80万円	2,560万円	5,120万円	7,680万円	10,240万円
100万円	3,200万円	6,400万円	9,600万円	12,800万円
120万円	3,840万円	7,680万円	11,520万円	15,360万円

注1：功績倍率は，3.2倍で計算しています。
注2：役員退職金は，役職・在任年数・貢献度のほか，同業種・同規模会社の支給状況等により異なります。なお，支給金額が過大であると，過大部分について損金性が否認される可能性があります。

Ⅱ　法人経営では生命保険に加入しなさい

【1】　経営者が直面する2つのリスクに備えよ

　たとえば，このような経営者を想定しましょう。社長は会社を息子に継いでもらいたいと考えています。息子は現在銀行で働いていますが，時期が来れば，不動産賃貸経営を承継させるつもりです。70歳で社長交代する予定ですが，事業承継について何を考えておけばよいのでしょうか。

【事例】
お 客 様：現在60歳（あと10年で引退したい）
所 在 地：神奈川県
事業形態：法人
事業内容：築40年の賃貸ビル3棟を所有，建物や駐車場のメンテナンス，入居者の管理を自ら営む
売　　上：1億円
経常利益：2,000万円
役員報酬：年額2,000万円
借 入 金：5億円
自社株式100％の相続税評価額：3億円

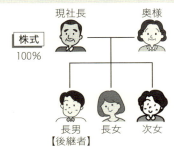

■100％株主の社長，奥様と子ども3人（長男が後継者）

　事業承継を考える際には，事業性，経営者の生き方，承継手続きの3つの側面から検討しなければなりません。まず，事業そのものが存続できるかどうか，次に社長ご自身の老後生活と後継者の生き方，最後に株式の承継方法の決定です。
　現在，法人で営む事業は賃貸ビル経営ですが，収益性に問題なければ，子供に承継すればよいでしょう。自社株式を相続することになります。法人の顧問税理士に依頼すれば，将来の相続税評価額を教えてもらえます。

経営者の家族構成を把握しておくことも重要です。将来の相続時の遺産分割が問題となるからです。ここでは，妻と息子，娘2人で，長女は嫁いでおり，長男と次女は独身だとしましょう。

経営者には，2つのリスクに対する準備が必要です。1つは**社長の死亡リスク**，もう1つは**相続リスク**です。死亡リスクとは，経営者が若くして突然死んでしまったときにトラブルが発生することです。

経営者がいなくなった場合，事業が存続できるかどうかが問題となります。この点，ここでの想定は賃貸ビル経営ですので，ビル管理業務は外部業者にすべて任せてしまうことが可能でしょう。

しかし，ご家族は多額の借金を背負うことになります。経営者は銀行借入金の連帯保証人となっていますので，保証債務も相続されます。突然の死亡でご家族全員が借金を引き継ぐことになるのです。賃貸経営の黒字が続けばよいですが，テナントが入らくなったり，賃料を下げたりすれば，借入金の利払いと返済が苦しくなるかもしれません。築40年の賃貸ビルですから，大規模修繕のために資金調達する必要があるかもしれません。

このような問題を解消するためには，法人契約で生命保険に加入し，「保障」という機能を使って，借入金をすべて返済できるようにカバーしておけばよいでしょう。保障とは，少ない保険料で，大きな保険金を受け取ることができる機能です。

図表5-17 | 突然死亡したときに備える保障

死亡
一家の大黒柱

遺されたご家族

生活が不安定に…

公的年金制度からの「遺族年金」
会社からの「死亡退職金」
これまでの「貯蓄」

これら3つだけでは不足することがある！

▶これらの不足分を補うために"死亡保険"に加入しておく

図表5-18 | 法人で契約する生命保険

金融機関
①借入・返済
⑤返済

会社

③社長死亡

保険会社
②保険加入
④保険金支払

　保障が必要な時期を乗り越え，長期にわたって事業を続けて借入金をゼロにしたとしても，経営者にリスクがなくなるわけではありません。
　その場合，考えなければならないのは自社株式の評価額の上昇と，それに伴う相続リスクです。会社の株式評価額は，利益を稼ぎ続けるほど高くなるのです。現在の株式評価額が3億円だとしても，今後は5億円，10億円と上昇し続ける可能性があります。これを後継者である息子に承継させることになりますが，株式評価額の上昇によって，長女や次男との遺産分割のバランスが悪くなります。
　このような問題を解消するためには，法人契約で生命保険に加入し，「貯蓄」という機能を使って，長女や次男へ渡す現金を多めに準備しておけばよいでしょう。貯蓄とは，支払った保険料が運用され，保険金として戻される機能です。

164

　一般的に，生命保険による相続対策と言えば，この貯蓄という機能の活用を意味しています。若い頃の突然の相続をカバーする保障ではありません。したがって，法人の経営者に必要な機能は，若い頃の保障と，高齢になってからの貯蓄の両方ということになります。これら両方の機能を持つ生命保険を選ぶことが求められます。

図表5-19 ｜ 相続・事業承継の諸問題を解決する保障・貯蓄

	相続	事業承継
保障	借入金の返済	事業資金
	ご遺族の生活費	
貯蓄 （相続）	（遺産分割） 代償金	老後資金
	家族への遺産	自社株の納税資金
		自社株の買取資金

経営者のニーズ

【2】　経営者ニーズに応える生命保険を選ぶ

　相続対策には，老後において多額のお金が必要となります。そのためには貯蓄や資産運用が必要だと言われます。長期間かけて必要なお金を準備することになります。しかし，この方法だと，若い頃の突然死亡というリスクをカバーすることができません。

　金融業界では，「預金は三角，保険は四角」だと言われます。保険だと若い頃の突然死亡というリスクをカバーできるという意味です。ただし，これは定期保険による保障を表現したものであることに注意しなければいけません。定期保険の場合，一定の期間が満了すれば，保障は終了します。高齢になったと

き，死亡時まで四角形を維持することはできません。

　この点，死亡時まで四角形を維持できる商品があります。それが終身保険です。これには保障だけでなく貯蓄という機能が備わっており，100％保険金を受け取ることが約束されているからです。

　また，高齢になるまで長期にわたって四角形を維持できる商品として，長期平準定期保険があります。これにも貯蓄の機能が備わっており，事前に決めておいた時期になると100％保険金を受け取ることが約束されています。これは老後に必ず解約することを前提としており，死亡時まで加入し続けることはありません。

図表5-20 ｜ 保障と貯蓄が一体化した生命保険

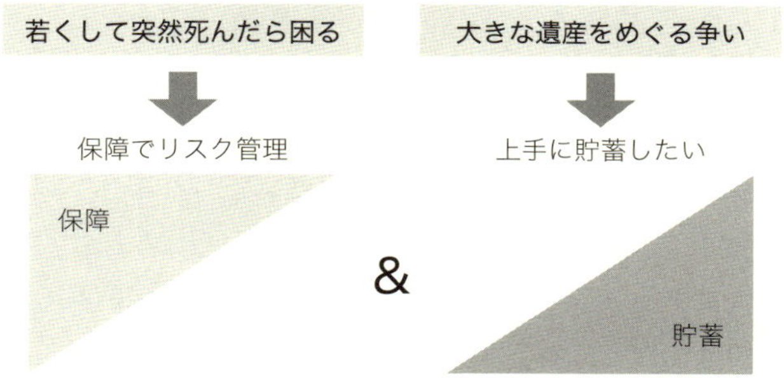

若くして突然死んだら困る　　　　大きな遺産をめぐる争い

保障でリスク管理　　　　　　　上手に貯蓄したい

保障

&

貯蓄

　法人の経営者に必要な機能は，若い頃の保障と，高齢になってからの貯蓄の両方です。これらを兼ね備えた商品は，終身保険と長期平準定期保険です。

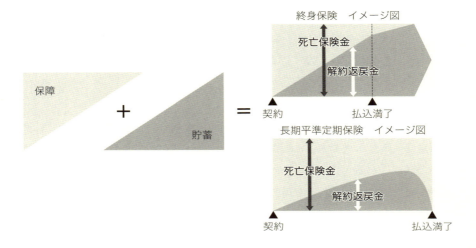

【3】 法人から個人へ　保険金を移すテクニック

　法人を営む経営者の場合，個人で生命保険に加入するよりも法人契約の生命保険に加入するほうが有利になる可能性があります。

　不動産を活用した相続税対策のために法人経営を行う場合，経営者が稼ぐお金は，個人ではなく，法人に入ってきます。法人から個人に役員報酬を支払い，それで保険料を支払うとしても，所得税が課されるため保険料の財源となる手取り額が小さくなってしまう可能性があります。それゆえ，役員報酬として支払う前に法人で保険料を支払ってしまうのです。

　すなわち，法人が契約して，法人が保険料を支払い，法人が死亡保険金を受け取るのです。

図表 5-21 | 法人での契約

ただし，若くして突然死亡したとき，経営者の老後資金が必要となったとき，相続時の遺産分割に使いたいとき，いずれも法人が受け取った死亡保険金を個人へ移さなければいけません。この際に課される税金が問題となります。

図表 5-22 | 法人から個人へのお金の移転

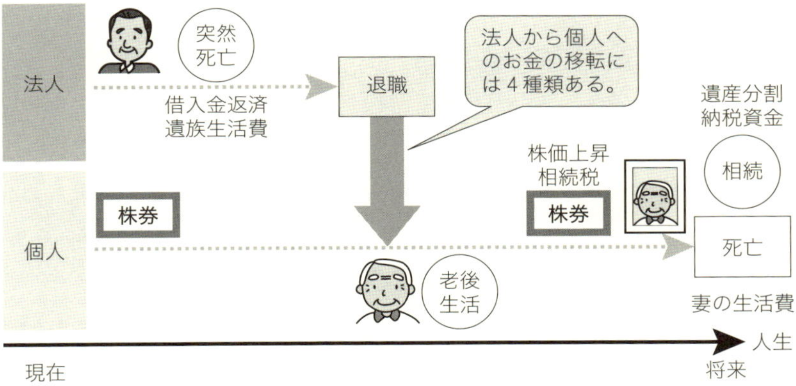

若くして突然死亡してしまった場合に保険金を移す方法は，死亡退職金と弔慰金です。

死亡退職金とは，経営者が死亡した際に，その遺族に対して法人から支給されるお金です。これは，生前の労働に対する報酬としての性質を持ち，相続税の課税対象となります。死亡退職金は「みなし相続財産」として扱われ，相続税が課されます。死亡退職金には，相続人が受け取る場合に限り，非課税枠が

設けられています。500万円×法定相続人の数です。たとえば，法定相続人が3人いる場合，非課税限度額は500万円×3人＝1,500万円となります。

弔慰金は，故人の弔いと遺族の慰めを目的として，法人から遺族に支給されるお金です。弔慰金には，一定の非課税枠が設けられています。これは死亡が業務上か業務外かによって異なります。業務上の死亡の場合，被相続人の死亡当時の普通給与の36カ月分，業務外の死亡の場合，被相続人の死亡当時の普通給与の6カ月分です。この非課税枠を超える部分は，死亡退職金として相続税の課税対象となります。

これに対して，経営者の老後資金が必要となったとき，相続時の遺産分割に使いたいときに保険金を移す方法は，いずれも退職金の支払いです。

相続時まで法人が契約し続けていれば，死亡退職金となります。

一方で，**老後資金を必要とする場合，法人から個人に支払う方法は，退職金となります。**この場合，法人が契約を解約し，解約返戻金を財源として退職金を支払うことができます。

長期平準定期保険であれば，解約返戻率が85％くらいですが，保険料の40％から全額の損金計上などによって法人税の課税繰延べのメリットがあります。また，退職金を支払う際には，損金算入限度額まで経費に入れることができます。一方で，退職金を受け取る個人は，退職所得控除，2分の1課税，分離課税の特典によって，税負担を軽くすることができます。

経営者個人から法人への貸付金（法人の借入金）が残っているのであれば，その回収（法人の返済）によって，保険金を移すことも可能でしょう。この方法であれば個人に所得税が課されることはありません。

また，自己株買いや，保険契約の有償譲渡という方法もありますが，これらを選択すべきケースは少ないでしょう。

第5章　不動産所有法人の活用　*169*

図表5-23 ｜ 法人から個人へ移転する際のメリット・デメリットの比較

		法人側税金	個人側税金	メリット	デメリット
退職金	○	限度額まで損金算入	退職所得	税負担軽減される	株主総会決議必要
借入金返済	○	なし	なし	相続財産の減少	なし
自己株買い	×	なし	配当所得	なし	株主総会決議必要
有償譲渡（買取り）	×	法人税等	なし	なし	代金の支払い必要

【4】　知っておこう！　貯蓄性保険に課される税金

(1)　終身保険に課される税金

　貯蓄性保険は，掛け捨てではなく貯蓄です。支払った保険料が財源となって，将来の保険金が支給されます。ここで，法人が稼いだ営業利益を100％としたとき，そのうち何％の税金が取られてしまうか，大まかに見てみましょう。

　まず法人が稼いだ利益には法人税が課されます。よって，税引後のお金を保険料に充てることになります。法人税率33％とすれば，営業利益100％に対して保険料として67％相当額を支払うことができます。

　この契約を法人が持ち続け，被保険者である経営者が死亡すれば，死亡退職金が支払われます。したがって，受取人である後継者は，67％相当額から相続税を支払った後の現金を取得することになります。仮に相続税率が50％だとすれば（非課税枠があります），稼いだ営業利益の35％相当額が後継者の手元に渡されることになります。

図表5-24 | 終身保険を死亡保険金として受け取った場合の税金

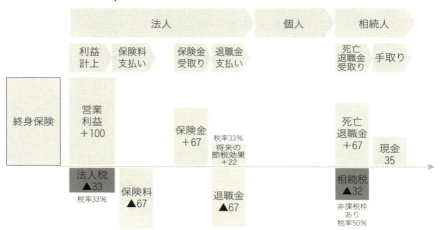

(2) 長期平準定期保険に課される税金

長期平準定期を死ぬまで契約し続けることはできません。法人で契約していれば，退職時に解約することが前提となります。

まず法人が稼いだ利益には法人税が課されます。よって，税引後のお金を保険料に充てることになります。法人税率33％とすれば，営業利益100％に対して保険料として67％相当額を支払うことができます。

ただし，長期平準定期保険の場合，保険料を損金に算入することができます。しかし，損金算入割合がいくらであっても，解約時の返戻金として益金に算入することになるため，節税効果はありません。

ここで，解約返戻率が85％であれば，57％相当額しか戻ってきません。そうすると，57％相当額を退職金として支払うことになります。

経営者の引退時に退職金が支払われると，85％相当額から所得税等を支払った現金を取得することになります。仮に所得税率（退職所得）が15％だとすれば，稼いだ営業利益の46％相当額が経営者個人に渡されるということです。

それから老後生活を過ごした後，相続が発生したときには，相続税が課されます。仮に相続税率が50％だとすれば，稼いだ営業利益の23％相当額が後継者の手元に渡されることになります。

図表5-25　長期平準定期保険を退職金として受け取った場合の税金

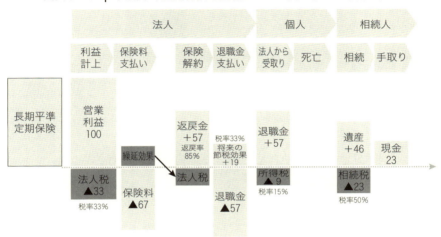

Ⅲ　法人経営で相続税対策を強化せよ！

【1】　短期的な節税ならば個人経営

賃貸不動産の個人経営によって，相続税の節税を実現することができました。

しかし，個人経営を続ければ，投資回収によって，借入金が減少するとともに，手元現金が増加します。すなわち，借入金による債務控除の金額が小さくなるとともに，個人財産が増加することによって，将来の相続財産は増えていくのです。

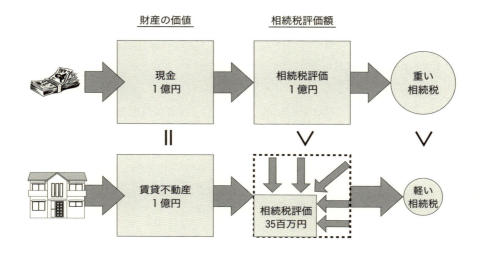

　たとえば，1億円の賃貸アパートを全額借入金によって建築した場合の相続税評価と相続税額（他の財産と合わせて税率33％と仮定）は，次頁の図表5-26のとおりとなります。

> ① 木造アパートを建築費1億円で建てる
> ② その資金は，全額を銀行借入金によって調達，返済期間30年，金利2％の元利均等返済
> ③ 家賃収入は初年度1,000万円で毎年0.5％減少
> ④ 減価償却費は，建物部分9,000万円は法定耐用年数22年，建物附属設備部分1,000万円は法定耐用年数15年
> ⑤ その他諸経費は初年度170万円で毎年1.5％増加
> ⑥ 40年間の賃貸経営を行い，終了後は取壊し

　図表5-26のグラフで確認できるように，「マイナスの財産」を創出し，既存の財産の相続税を減少させる効果は，建築から15年目にゼロとなるのです。16年目以降は賃貸アパートと現金を合計した正味財産がプラスとなるため，相続

第5章　不動産所有法人の活用　*173*

図表 5 -26 ｜ 相続税評価と相続税額

(単位：千円)

年次	建物評価額	現金	財産合計	借入金	課税価格	相続税
開始時	35,000	0		-100,000	0	0
1	31,500	3,604	35,104	-97,535	-62,431	-20,602
2	28,350	7,136	35,486	-95,021	-59,535	-19,647
3	25,515	10,596	36,111	-92,457	-56,346	-18,594
4	22,964	13,984	36,948	-89,841	-52,893	-17,455
5	20,667	17,300	37,967	-87,173	-49,206	-16,238
6	18,600	20,543	39,143	-84,451	-45,308	-14,951
7	16,740	23,713	40,454	-81,675	-41,221	-13,603
8	15,066	26,810	41,876	-78,843	-36,967	-12,199
9	13,560	29,833	43,393	-75,955	-32,562	-10,745
10	12,204	32,783	44,986	-73,009	-28,023	-9,247
11	10,983	35,658	46,641	-70,004	-23,363	-7,710
12	9,885	38,458	48,343	-66,939	-18,596	-6,137
13	8,897	41,184	50,080	-63,813	-13,733	-4,532
14	8,007	43,834	51,841	-60,624	-8,783	-2,898
15	7,206	46,409	53,615	-57,371	-3,756	-1,240
16	6,486	48,807	55,293	-54,053	1,240	409
17	5,837	51,129	56,966	-50,669	6,297	2,078
18	5,253	53,374	58,627	-47,217	11,410	3,765
19	4,728	55,542	60,270	-43,696	16,574	5,469
20	4,255	57,632	61,887	-40,105	21,782	7,188
21	3,830	59,644	63,474	-36,442	27,032	8,920
22	3,447	61,577	65,024	-32,706	32,318	10,665
23	3,102	61,926	65,028	-28,895	36,133	11,924
24	2,792	62,197	64,988	-25,008	39,980	13,194
25	2,513	62,387	64,900	-21,043	43,857	14,473
26	2,261	62,497	64,759	-16,999	47,760	15,761
27	2,035	62,526	64,562	-12,874	51,688	17,057
28	1,832	62,474	64,306	-8,667	55,639	18,361
29	1,649	62,339	63,987	-4,375	59,612	19,672
30	1,484	62,121	63,605	0	63,605	20,990
31	1,335	66,284	67,619	0	67,619	22,314
32	1,202	70,388	71,590	0	71,590	23,625
33	1,082	74,435	75,516	0	75,516	24,920
34	973	78,422	79,396	0	79,396	26,201
35	876	82,351	83,227	0	83,227	27,465
36	788	86,221	87,010	0	87,010	28,713
37	710	90,031	90,741	0	90,741	29,945
38	639	93,782	94,421	0	94,421	31,159
39	575	97,473	98,048	0	98,048	32,356
40	517	101,103	101,620	0	101,620	33,535

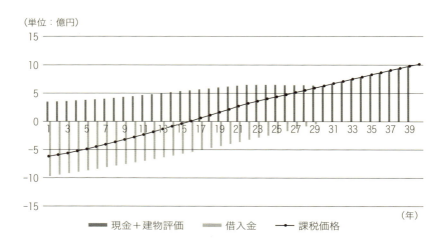

税対策はまた一からやり直しということになります。

　つまり，賃貸不動産を個人経営することによる相続税対策の効果は，15年くらいの短期間しか続かないということです。病気で入院した方，80歳を超えた高齢者の方など，相続が近づいてきた方であれば効果的な手法となりますが，そうでない方にとってはあまり意味がある方法とは言えません。

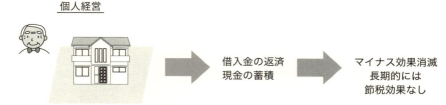

【2】　長期的な節税ならば法人経営

　短期的には個人経営の賃貸不動産のほうが節税効果は高いものの，その効果を享受することのできる期間が短いという欠点がありました。相続税の発生時

第5章　不動産所有法人の活用　175

図表 5 -27 ｜ 賃貸不動産の法人経営

法人へ移転する方法　　　　　　相続税が課される財産

① 売却

法人　⟶　現金　⟶　相続税

② 現物出資

法人　⟶　株式（持分）　⟶　相続税

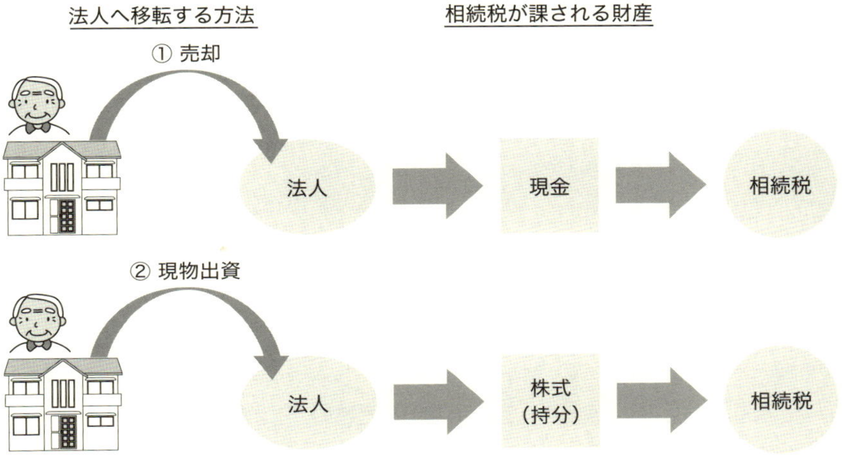

期を事前に予測することなどできないことから，早い段階で相続税対策を施しても，意味はありません。

　そこで，長期的な節税手段として，既存の賃貸不動産の法人経営を行うことを考えます。すなわち，法人を設立し，その法人が銀行借入を行って建物を建てるのです。

　この際，個人経営していた賃貸不動産を，個人から法人へ移す方法として，①個人から法人へ売却（譲渡）する方法と，②個人から法人へ現物出資する方法の 2 つがあります（図表 5 -27）。

　この効果を見るために，以下の計算例で測定し，法人経営をこれら 2 つに分けて，それぞれ比較してみましょう。

- 木造アパートを建築費 1 億円で建てる
- その資金は，全額を銀行借入金によって調達，返済期間30年，金利 2 ％の元利均等返済

- 家賃収入は初年度1,000万円で毎年0.5%減少
- 減価償却費は，建物部分9,000万円は法定耐用年数22年，建物附属設備部分1,000万円は法定耐用年数15年
- その他諸経費は初年度170万円で毎年1.5%増加
- 40年間の賃貸経営を行い，終了後は取り壊し
- 所得税等の税率は15%～30%，法人税等の税率は25%，相続税の税率は33%と仮定
- 個人から法人への**譲渡価額は5,000万円**（未償却簿価）で，譲渡所得はゼロ
- 法人から個人へ通常の地代を支払うが，個人の手残り現金（固定資産税を支払った残額）は無視，法人は**無償返還の届出書**を提出
- 建物の不動産取得税と登録免許税は無視
- 法人は「小会社」であり，類似業種比準価額が純資産価額の半額になると仮定する。その仮定に基づけば，株式（または出資金）の原則的評価（＝純資産価額×50%＋類似業種比準価額×50%）の計算は，純資産価額×75%となる

【方法① 個人経営】

個人経営を続ける。

【方法② 法人へ建物を売却】

10年度末に，奥様（またはお子様）が出資して法人を設立し，**建物を売却**する。売却代金は**未収金**とし，法人は手取り現金をすべて返済に充てる。完済したら，現金はすべて法人に留保する。

【方法③ 法人へ建物を現物出資】

10年度末に，**建物を現物出資**することで**自ら出資者**となり，法人を設立する。法人の税引前利益はすべて奥様（またはお子様）への役員報酬に充て，法人税ゼロ，当期純利益ゼロを維持する（住民税均等割は無視する）。

第5章 不動産所有法人の活用 　*177*

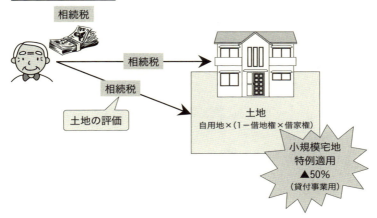

【方法①】個人経営の場合　　　　　　　　　　（単位：千円）

	建物	現金	財産評価	相続税
開始時	35,000	0	35,000	11,550
10年目	12,204	74,784	86,988	28,706
20年目	4,255	142,521	146,776	48,436
30年目	1,484	190,526	192,010	63,363
40年目	517	229,508	230,025	75,908

　個人経営ですと，年数を経るに従って，相続税は増加の一途を辿ります。

　すでに説明したとおり，不動産経営はお金を稼ぐことが目的であり，現金を稼ぐことができます。個人経営を40年という長い期間で見た場合，その前半の期間では，手取額が大きくなるため，現金が手元にどんどん蓄積していきます。そして，後半の期間では，返済額が大きくなるため，借入金がどんどん減少していきます。現金の増加，借入金の減少，いずれにおいてもその効果は個人財産の増加であり，相続税は増加します。これを止めることはできません。

【方法②】売却

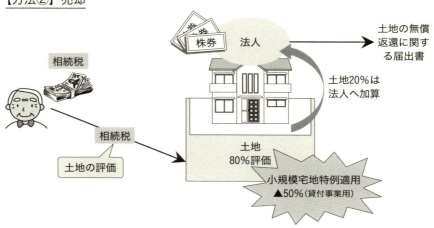

【方法②】10年目期末から法人（売却）　　　　　　　　　　　（単位：千円）

	建物	未収金	現金	財産評価	相続税
開始時	35,000	0	0	35,000	11,550
10年目		50,000	74,784	124,784	41,179
20年目		0	124,784	124,784	41,179
30年目		0	124,784	124,784	41,179
40年目		0	124,784	124,784	41,179

　法人へ売却すると，不思議なことに，**相続税は増加しなくなります**。

　【方法②】の事例では，経営開始から10年経った年度末に，賃貸アパートを個人から法人へ売却して，法人経営に移行しています。

　10年度末に5,000万円の未収金（金銭債権）が発生しますが，オーナーは分割払いによってそれを回収し，現金を獲得します。その後，個人には収入が一切発生しなくなりますので，財産は増えなくなります。

　この原因は，法人の株式を奥様（またはお子様）が引き受けることによって，株式評価額の上昇がオーナー個人財産の上昇をもたらさないことにあります。すなわち，不動産所得が，オーナー個人ではなく，法人の利益になり，法人に

現金が蓄積して株価が上昇しても，それは奥様（またはお子様）の財産となり，オーナー個人の財産から切り離されるからです。

建物を法人に移した後のオーナー個人の相続税対策としては，譲渡代金として獲得した現金を減らすことのみとなります。

【方法③】現物出資

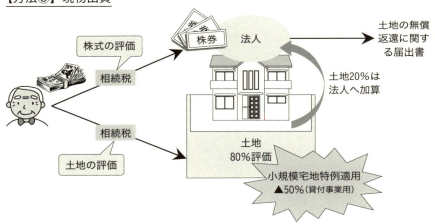

【方法③】10年目期末から法人（現物出資）　　　　　　　　　（単位：千円）

	建物	株式	現金	財産評価	相続税
開始時	35,000	0	0	35,000	11,550
10年目		50,000	74,784	124,784	41,179
20年目		36,373	74,784	111,157	36,682
30年目		40,431	74,784	115,215	38,021
40年目		39,706	74,784	114,490	37,782

【方法③】の事例では，10年経った年度末に，賃貸アパートを個人から法人へ現物出資し，法人経営に移行します。10年度末に5,000万円（発行価額＝建物の簿価）の株式を取得します。

3年縛りの経過後，14年度には法人における建物の評価が相続税評価（固定

資産税評価額）に変わりますので，株式の評価が下がります（ここでの仮定は75％としています）。

　法人は獲得した税引前利益のすべてを奥様への役員報酬として支払うため，その後の株価は，建物の固定資産税評価額の低下に伴って，下落が続くことになります。オーナー個人には所得が一切発生しなくなりますので，個人財産は増えません。相続税は増加しなくなります。

　この原因についても，【方法②】と同様，法人の利益を奥様（またはお子様）に支払うことによって，オーナー個人財産の増加をもたらさないことにあります。

　すなわち，不動産所得が，オーナー個人ではなく法人の利益になり，それが奥様（またはお子様）に支払われることによって，オーナー個人の財産から切り離されるからです。

　建物を法人に移した後のオーナー個人の相続税対策は，もはや何もする必要

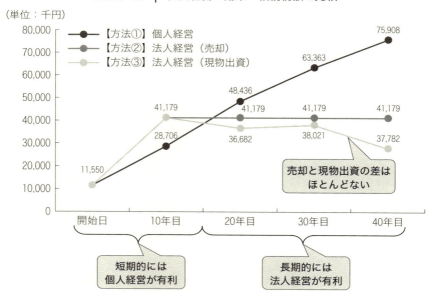

図表5-28　法人経営の効果～相続税額の比較

はありません。

【3】 相続財産の増加を防ぐ

　個人経営の場合，不動産が稼いだ所得は，不動産オーナー個人の手元に蓄積され，将来の相続財産となって相続税負担をもたらすことになります。しかし，法人経営の場合，オーナー個人に入るべき所得を，法人からの役員報酬の支払いを通じて奥様や子供に渡すことができます。

　これによって，相続というイベントを経由しないで，資産承継が行われることとなります。奥様や子供には所得税が課されることになりますが，その税率が相続税よりも小さいのであれば，税負担を軽くすることができます。

　また，奥様や子供に現金を蓄積させることによって，相続時の納税資金を手元に準備させることができます。

　ただし，子供が未成年（制限行為能力者）であるなど，役員としての能力がない場合は，役員報酬を支払うことができません。そのような場合は，法人税を支払ってでも法人に内部留保したほうがいいでしょう。

　しかし，利益を内部留保することによって，法人の株式評価額が上昇することになります。そこで，法人の株主（出資者）は，オーナー個人ではなく，その子供としておくのです。これによって，オーナー個人の相続財産の増加を止めることができます。

　ちなみに，役員給与をオーナー個人に支払うことは最低限に抑えるべきです。オーナー個人に支払われる現金は，オーナー個人に対して所得税が課されるだけでなく，将来の相続人に対して相続税が課されることになるからです。

図表 5-29 法人化の効果

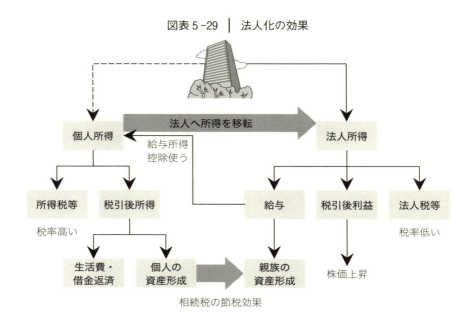

　なお，法人に留保した利益を個人に分配しようとするのであれば，**死亡退職金を支払うことが効果的です**。なぜなら，法人から支払われる死亡退職金には「500万円×法定相続人の数」の非課税枠があるため，相続税負担を軽減させることができるからです。

　もちろん，オーナーが個人契約で生命保険に加入していた場合には，死亡保険金を受け取ることができます。死亡保険金は，死亡退職金とは別枠で「500万円×法定相続人の数」の非課税枠があります。

　法人からの退職保険金と個人の死亡保険金の両方の非課税枠を使うことによって，相続税の節税効果は大きなものとなります。

第5章　不動産所有法人の活用　*183*

【4】　法人化して相続税を抑えなさい

　相続税は，個人が死んだときに所有している財産に課される税金です。不動産オーナーの相続を考える場合，個人経営している場合の相続財産は，土地や建物，そして稼いだお金（現金預金など）です。前述のとおり，個人での相続税対策には限界があります。

　この点，法人経営によって，相続税負担を軽減させることができます。**不動産や現金預金を，オーナー個人が直接所有するよりも，法人の株式（出資持分）を通じて間接所有するほうが，相続税評価を小さくできるからです。**

　これは，オーナー個人の相続財産が「非上場株式」（合同会社の場合は「出資持分」）に転換され，その相続税評価が引き下げられることによるものです。

　不動産経営を行っている実態は，個人経営であっても法人経営であっても変わりません。しかし，個別に不動産を評価する場合よりも，不動産を所有する法人を評価する場合のほうが，相続税額が小さくなるのです。魔法のような効果ですが，これが税法に規定されている計算方法なのです。

図表 5 -30 ｜ 個人経営と法人経営の相続税の違い

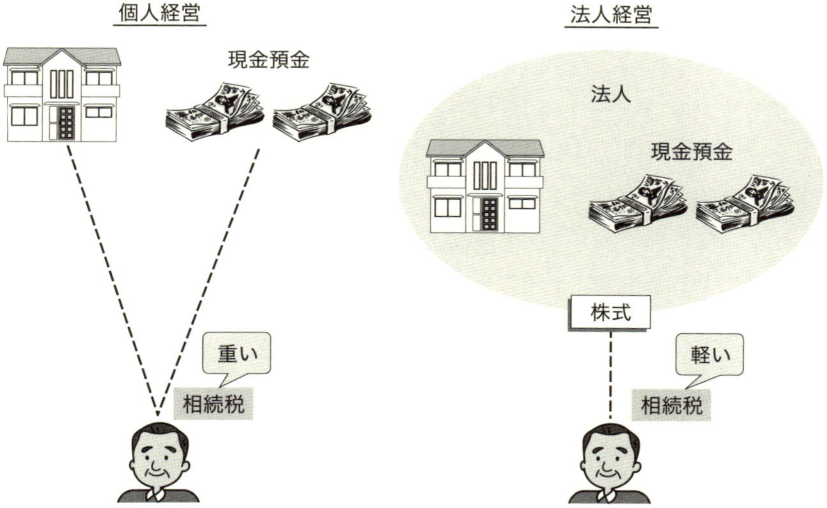

60～70代の不動産オーナーにとって，相続税は，無視することができない税金となります。若い頃に所得税を節税して個人財産を増やすことができたとしても，それが後になって相続税に消えてしまうのでは意味がありません。

子供に多くの個人財産を残したいと考えるのであれば，所得税の節税に加えて相続税の節税を検討しなければならないのです。

Ⅳ 不動産所有法人を活用しよう

【1】 既存建物を法人に銀行借入で買わせる方法

銀行が融資（アパートローン）を売り込むために，「相続対策」と称して，親が所有する不動産を子供が購入することを提案することがあります。

しかし，この取引だけでは，不動産オーナーの相続税対策として意味のあるものとはなりません。相続税対策の観点からは，不動産オーナーが対価として取得する現金を暦年課税で生前贈与するなど，個人財産を減らすための相続税対策が求められます。

個人が法人へ売却する場合，譲渡価額は「時価」としなければいけません。財産評価基本通達によれば，「時価」とは，それぞれの財産の現況に応じ，不特定多数の当事者間で自由な取引が行われる場合に通常成立すると認められる価額と定義されています。そして，個人の譲渡収入と取得費等の差額は譲渡所得となり，所得が発生すれば所得税等が課されることになります。

この点，不動産オーナーが所有する土地については，そもそも親からの相続で取得しているケースがほとんどであるために取得費がわかりません。概算取得費5％を使うことによって多額の譲渡所得が発生し，税負担が極めて重くなります。

しかし，建物のような市場取引が存在しない資産については，その時価が不明であることから，所得税法上の簿価（減価償却後の未償却残高）を譲渡価額

として設定するため、譲渡所得は発生せず、所得税が課されることはありません（不動産鑑定士による鑑定評価が必要となる特殊なケースもあります）。それゆえ、土地を譲渡することはあきらめて、**建物だけを譲渡**するのです。

	個人経営	法人経営	相続税対策
土地	親	親	80％評価 小規模宅地等の特例
建物	親	法人	―
法人の株式（持分）	―	子供	完了
法人の資金調達	―	銀行	―

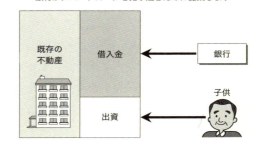

【既存建物を法人に銀行借入で買わせる方法】
銀行がアパートローンを売り込むために提案します

【2】 更地に賃貸アパートを建てて土地活用する方法

ハウスメーカーが不動産建築を販売するために、「相続対策」と称して、建物の建築を提案することが多くあります。法人が銀行から資金調達を行い、建物を建築するとすれば、3年後に法人の株式（持分）評価が大きく下落し、株式（持分）の贈与・相続に伴う税負担を軽減することができます。

	個人経営	法人経営	相続税対策
土地	親	親	80％評価 小規模宅地等の特例
建物	親	法人	―
法人の株式（持分）	―	親	贈与または相続
法人の資金調達	―	銀行	―

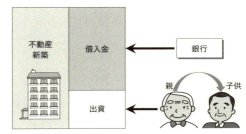

【アパートを建てて土地活用する方式】
不動産会社がアパートを販売するために提案します

【3】 既存建物を法人に分割払いで買わせる方法

個人から法人への売却ということは，建物の所有権が移転するとともに，その対価としての売却代金が法人から個人へ支払われることになります。しかし，新設したばかりの法人には対価を支払うだけの資金がありません。銀行で調達する方法もありますが，必ず借入れできるとはかぎりません。そこで，対価は支払わずに不動産オーナーに対する**長期分割払い（未払金）**とすることになります。

借入金にせよ未払金にせよ，家賃収入から少しずつ返済していけばよいため，法人設立時にお金がない場合であっても，法人化は可能だということです。

また，相続税対策の観点から，不動産オーナー個人が対価として取得する財産は，長期分割払い（未払金）の場合は**金銭債権**となるため，現金を受け取った場合の税負担の大きさと同じになります。それゆえ，生前贈与するなど，個人財産を減らすための相続税対策が必要となります。

ちなみに，出資者を誰にするか（親か子供か）について問題となりますが，実務上は認知症対策の観点から子供が出資するケースのほうが多いでしょう。

	個人経営	法人経営	相続税対策
土地	親	親	80％評価 小規模宅地等の特例
建物	親	法人	―
法人の株式（持分）	―	子供	認知症対策として有効
法人の資金調達	―	親	―

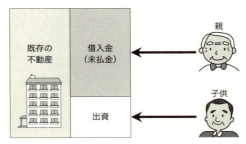

【既存建物を法人に分割払いで買わせる方式】

【4】 既存建物を法人に現物出資する方法

個人が法人へ現物出資する場合であっても，所得税法上は，売却の場合と同じく所得税等が課されることになります。それゆえ，現物出資であっても，土地を現物出資することはあきらめて，建物だけを現物出資することになります。

個人から法人への現物出資では，建物が個人から法人へ移転するとともに，その対価として法人から個人へ株式が発行されることになります。その結果，不動産オーナーは法人の出資者（株主，社員）となり，株式（出資金）という財産を所有することになります。

　不動産オーナーが対価として取得する株式の評価には，取引相場のない株式の評価方法が適用されるため，建物を直接所有する場合と比べて，その評価額が低くなる可能性があります。

　しかしながら，株式の評価額がゼロまで下がることはありません。それゆえ，株式を生前贈与するなど，個人財産を減らすための相続税対策が求められます。

　なお，現物出資の結果，法人の資本金が1億円を超えてしまうと大法人となり，中小法人の各種軽減特例を使うことができなくなります。それゆえ，資本金1億円以下になるまで減資することが求められます（それでも住民税の均等割は減らすことはできません）。

　また，法人が株式会社であり，現物出資する建物が500万円を超える場合，弁護士または税理士等による価額証明，不動産鑑定士による鑑定評価が必要となります（合同会社の場合は不要です）。

	個人経営	法人経営	相続税対策
土地	親	親	80％評価 小規模宅地等の特例
建物	親	法人	―
法人の株式（持分）	―	親	贈与または相続（ゼロにならない）
法人の資金調達	―	なし	―

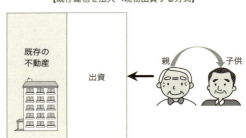

【既存建物を法人へ現物出資する方式】

〈著者紹介〉

岸田　康雄 （きしだ　やすお）

　公認会計士，税理士，中小企業診断士，1級ファイナンシャル・プランニング技能士，宅地建物取引士，行政書士，国際公認投資アナリスト（日本証券アナリスト協会認定）。
　一橋大学大学院修了。平成28年度経済産業省中小企業庁「事業承継ガイドライン」委員，東京都中小企業診断士協会「事業承継支援コンサルティング研究会」代表幹事。

　監査法人における会計監査部門，税理士法人の資産税部門を経て，三菱UFJ銀行ウェルス・マネジメント営業部，みずほ証券グローバル投資銀行部門，メリルリンチ日本証券プリンシパル投資部門，日興コーディアル証券企業情報部に在籍し，個人の相続対策から大企業のM&Aまで幅広い資産承継と事業承継をアドバイスした。
　現在，相続税申告を中心とする税理士業務および不動産売買仲介業務，中小企業に対する事業承継コンサルティング業務を行っている。
　著書には，『中小企業の両利きの経営』（共著，ロギカ書房，2022年），『図解でわかる中小企業庁「事業承継ガイドライン」完全解説』（共著，ロギカ書房，2017年），『新版専門家のための事業承継入門』（共著，ロギカ書房，2023年），『プライベート・バンキングの基本技術』（清文社，2015年），『プライベートバンカー資格受験対策問題集』（ロギカ書房，2020年），『信託＆一般社団法人を活用した相続対策ガイド』（中央経済社，2015年），『資産タイプ別相続生前対策パーフェクトガイド』（中央経済社，2018年），『事業承継・相続における生命保険活用ガイド』（清文社，2015年），『税理士・会計事務所のためのM&Aアドバイザリーガイド』（中央経済社，2011年），『証券投資信託の開示実務』（共著，中央経済社，2000年）などがある。
【連絡先】　kishida.yasuo@kishida-cpa.com

ここまでできる！

富裕層のための相続税対策と資産運用〈第2版〉

2020年 1 月 1 日　第 1 版第 1 刷発行
2021年 1 月20日　第 1 版第 2 刷発行
2024年 9 月 5 日　第 2 版第 1 刷発行
2025年 1 月30日　第 2 版第 2 刷発行

著　者　岸　田　康　雄

発行者　山　本　　継

発行所　㈱中　央　経　済　社

発売元　㈱中央経済グループ
　　　　パ ブ リ ッ シ ン グ

〒101-0051　東京都千代田区神田神保町1-35
電　話　03（3293）3371（編集代表）
　　　　03（3293）3381（営業代表）
https://www.chuokeizai.co.jp
印刷／東光整版印刷㈱
製本／㈲井上製本所

©2024
Printed in Japan

＊頁の「欠落」や「順序違い」などがありましたらお取り替えいた
しますので発売元までご送付ください。（送料小社負担）

ISBN978-4-502-50731-1　C3034

JCOPY〈出版者著作権管理機構委託出版物〉本書を無断で複写複製（コピー）することは,
著作権法上の例外を除き,禁じられています。本書をコピーされる場合は事前に出版者
著作権管理機構（JCOPY）の許諾を受けてください。
　JCOPY〈https://www.jcopy.or.jp　eメール：info@jcopy.or.jp〉

●実務・受験に愛用されている読みやすく正確な内容のロングセラー！

定評ある税の法規・通達集シリーズ

所得税法規集
日本税理士会連合会
中央経済社 編

❶所得税法 ❷同施行令・同施行規則・同関係告示 ❸租税特別措置法（抄）❹同施行令・同施行規則・同関係告示（抄）❺震災特例法・同施行令・同施行規則（抄）❻復興財源確保法（抄）❼復興特別所得税に関する政令・同省令 ❽能登税特法・同施行令（抄）❾災害減免法・同施行令（抄）❿新型コロナ税特法・同施行令・同施行規則 ⓫国外送金等調書提出法・同施行令・同施行規則・同関係告示

所得税取扱通達集
日本税理士会連合会
中央経済社 編

❶所得税取扱通達（基本通達／個別通達）❷租税特別措置法関係通達 ❸国外送金等調書提出法関係通達 ❹災害減免法関係通達 ❺震災特例法関係通達 ❻新型コロナウイルス感染症関係通達 ❼索引

法人税法規集
日本税理士会連合会
中央経済社 編

❶法人税法 ❷同施行令・同施行規則・法人税申告書一覧表 ❸減価償却耐用年数省令 ❹法人税申告関係告示 ❺地方法人税法・同施行令・同施行規則 ❻租税特別措置法（抄）❼同施行令・同施行規則・同関係告示（抄）❽震災特例法・同施行令・同施行規則（抄）❾復興財源確保法（抄）❿復興特別法人税に関する政令・同省令 ⓫新型コロナ税特法・同施行令 ⓬租特透明化法・同施行令・同施行規則

法人税取扱通達集
日本税理士会連合会
中央経済社 編

❶法人税取扱通達（基本通達／個別通達）❷租税特別措置法関係通達（法人税編）❸減価償却耐用年数省令 ❹機械装置の細目と個別年数 ❺耐用年数の適用等に関する取扱通達 ❻震災特例法関係通達 ❼復興特別法人税関係通達 ❽索引

相続税法規通達集
日本税理士会連合会
中央経済社 編

❶相続税法 ❷同施行令・同施行規則・同関係告示 ❸土地評価審議会令・同省令 ❹相続税法基本通達 ❺財産評価基本通達 ❻相続税法関係個別通達 ❼租税特別措置法（抄）❽同施行令・同施行規則（抄）・同関係告示 ❾租税特別措置法（相続税法の特例）関係通達 ❿震災特例法・同施行令・同施行規則（抄）・同関係告示 ⓫震災特例法関係通達 ⓬災害減免法・同施行令（抄）⓭国外送金等調書提出法・同施行令・同施行規則・同関係通達 ⓮民法（抄）

国税通則・徴収法規集
日本税理士会連合会
中央経済社 編

❶国税通則法 ❷同施行令・同施行規則・同関係告示 ❸同関係通達 ❹国外送金等調書提出法・同施行令・同施行規則 ❺租税特別措置法・同施行令・同施行規則（抄）❻新型コロナ税特法・同施行令 ❼国税徴収法 ❽同施行令・同施行規則・同告示 ❾滞調法・同施行令・同施行規則 ❿税理士法・同施行令・同施行規則・同関係告示 ⓫電子帳簿保存法・同施行令・同施行規則・同関係通達 ⓬デジタル手続法・同国税関係法令に関する省令・同関係告示 ⓭行政手続法 ⓮行政不服審査法⓯行政事件訴訟法（抄）⓰組織的犯罪処罰法（抄）⓱没収保全と滞納処分との調整令 ⓲犯罪収益規則（抄）⓳麻薬特例法（抄）

消費税法規通達集
日本税理士会連合会
中央経済社 編

❶消費税法 ❷同別表第三等に関する法令 ❸同施行令・同施行規則・同関係告示 ❹消費税法基本通達 ❺消費税申告書様式等 ❻消費税法等関係取扱通達等 ❼租税特別措置法 ❽同施行令・同施行規則（抄）・同関係通達 ❾消費税転嫁対策法・同ガイドライン ❿震災特例法・同施行令（抄）・同関係告示 ⓫震災特例法関係通達 ⓬新型コロナ税特法・同施行令・同施行規則・同関係告示・同関係通達 ⓭税制改革法等 ⓮地方税法（抄）⓯同施行令・同施行規則（抄）⓰所得税法（抄）・同関係告示 ⓱法人税法政令（抄）⓲輸徴法令 ⓳関税法令（抄）⓴関税定率法令（抄）㉑国税通則法令・同関係告示 ㉒電子帳簿保存法令

登録免許税・印紙税法規集
日本税理士会連合会
中央経済社 編

❶登録免許税法 ❷同施行令・同施行規則 ❸租税特別措置法・同施行令・同施行規則（抄）❹震災特例法・同施行令・同施行規則（抄）❺印紙税法 ❻同施行令・同施行規則 ❼印紙税法基本通達 ❽租税特別措置法・同施行令・同施行規則（抄）❾印紙税額一覧表 ❿震災特例法・同施行令・同施行規則（抄）⓫震災特例法関係通達等

中央経済社